madame FIGARO Books

パリ＆パリから行く

アンティーク・マーケット散歩

石澤季里

阪急コミュニケーションズ

はじめに　4

Part 1　夢の宝物を探しに
個性豊かなマーケットめぐり

フランス　クリニャンクール　8
探検気分で出かけたい、ヨーロッパ最大の蚤の市。

フランス　シャトゥー　20
美味しいスタンドも出店。グルメも満喫できる、パリ郊外の国立定期市。

フランス　レ・ザンドリィ　28
地元住民のスタンドも楽しい、セーヌ川沿いのアットホームな大市。

フランス　リル　38
36時間ぶっとおしで続く、北仏の大蚤の市。ムール貝のランチも忘れずに。

フランス　アイヤン・シュル・トロン　44
ワインの里で楽しむ真夏の一大イベントは、まさに“屋根裏を空にする市”。

フランス　リル・シュル・ラ・ソルグ　52
バカンス気分満載の大アンティーク市で、南仏ならではのお宝ゲット！

フランス　バルジャック　62
破格のバカラに出合えるかも？
審美眼も鍛えられる、“何でもあり”のマーケット。

ベルギー　ブリュッセル　68
安さが自慢。ヨーロッパじゅうの骨董好きが集まるマーケット。

オランダ　アムステルダム　76
“大人カワイイ”が満載！　生まれ変わったアンティーク・アーケード。

イタリア　アレッツォ　84
フィレンツェからさらに足をのばして……
小さな田舎町のマーケットは、イタリア最古にして最大規模！

もっと便利になったエールフランスで、快適なマーケットめぐりを　94

Part 2　街並みも愉しむ
情緒あるアンティーク街散策

※商品の値段は取材時、マーケットおよびショップ等の情報は2013年6月時点のものです（通貨は€＝ユーロ、Dkr＝デンマーク・クローネ）

はじめに

　私が最初にアンティーク・マーケットを訪れたのは、かれこれ25年前。大西洋に面したフランスのレ・サーブル・ドロンヌというリゾート地で、偶然に出くわした市を冷やかし半分に覗いたことに遡ります。そこには、顔が半分隠れてしまうような大きなサングラスやボーダーシャツなどの古着に混じって、舟のアンカーや釣った魚を入れる籠など、長年、海と共に生きてきた人々の暮らしを反映したブロカントが溢れていました。以来、新たな国を訪れた際には、手っ取り早くその土地を理解するためにアンティーク・マーケットを覗くことにしています。そこに集まる手工芸品や生活道具からは、その土地の歴史や風土だけでなく、日々の生活が手に取るように伝わってくるからです。

　その後、パリでアンティークの鑑定師養成学校に通い始めてからは、毎週末、ルーペ片手に習った知識の小手試しに、歩いて行ける距離にあったヴァンブの市に出かけました。アンティーク・マーケットには、教科書に載っていたような超高級アイテムは存在しません。それでも、陶器の刻印から工房名や年代を割り出し、欠けや割れがないかを丹念にチェックしながら、19世紀後半から20世紀前半にかけての等身大のアンティークを吟味し、獲得する作業はとても楽しいものでした。またとないお宝が、思いがけない破格値で手に入った日などは、一日、幸せな気分で過ごせたことも懐かしい想い出です。

今までに、どれだけのアンティークやブロカントに触れてきたことでしょう。それでもまだ、「アンティーク・マーケットに行くぞ」と決めた朝は、気分が浮き立ち、いつもより早く目が覚めてしまいます。なぜならば、そこには恋にも似た胸の高鳴りと、私だけの、私だからこそ、愛し慈しむことができる「相棒」との刺激的な出合いが待ち受けているからです。

時空を超えて私たちを夢の世界に誘う場所。それこそがヨーロッパのアンティーク・マーケットなのです。

アンティーク・マーケットを楽しむための7か条

1. アンティーク・マーケットには、たいてい道の名前やスタンドナンバーが表記されている。気に入った店は、後で戻れるようにマーケット内で配られている地図にマーキングするかノートにメモしておこう。そのためにも、筆記用具は忘れずに

2. ガイドを読んで事前にどのくらいの大きさの市かを把握しておこう。全体をゆっり見るには300軒で丸1日必要。マーケットの規模とそこで費やす時間を考慮に入れて、臨機応変にまわり方を工夫する

3. アンティークは恋愛と同じ。ピンときたものはすぐに値段交渉に入ろう。反対に、迷った場合は素知らぬ顔で一旦立ち去り、心を鎮めて戻ってきてから値段交渉するのが得策。そのとき、すでに売れてしまっ

ていたら縁がなかったものとして諦める。買う気もないのに値段交渉する（アプローチをかける？）のはルール違反

4. 事前にインテリア雑誌や写真集などでイメージ・トレーニングしておくと、欲しい品物が向こうから目に飛び込んでくる

5. ほとんどのマーケットは現金のみ使用可。大金を持ち歩くのが嫌なら、マーケット近くのキャッシュ・ディスペンサーをチェックしておいて、欲しいものがあったときに現金を引き出す用意をしておこう。クレジットカードが使えたとしても、現金のほうが断然割引率が高い

6. アンティーク・ジュエリーやシルバーを購入する際は、「強者」と思わせるためにルーペを携帯しよう。覗く「ふり」をするだけでも、初心者だからと偽物を掴まされる心配が解消できる。時計はねじを巻いて1時間後に戻って、きちんと動いているかを確かめてから購入すること。錆びた部品は修復不可能。いくらデザインが気に入っていても諦めること

7. 寒い季節には、帽子や手袋、携帯カイロを忘れずに。暑い季節にも、帽子やストール、日焼け留めが必須。ミネラルウォーター、ウェットティッシュ、ティッシュペーパー、電卓、梱包剤、買い物バッグなどもあると便利

Part 1

夢の宝物を探しに

個性豊かなマーケットめぐり

木造のバラックがひしめきあう《マルシェ・ヴェルネゾン》は、クリニャンクールの顔ともいえるマーケット。クリスマスの時期は、こんなサンタクロースが迎えてくれる

フランス｜パリ

クリニャンクール

探検気分で出かけよう！
複数のマルシェからなる、ヨーロッパ最大の蚤の市。

大小13のマーケットによって構成される、ヨーロッパ最大級の蚤の市《クリニャンクール》は近頃、パリのどのアンティーク・マーケットよりもにぎわいを見せています。

Marché Vernaison

1.アイデア次第で、キッチュな玩具がシュールなインテリア小物に変身する。そんな提案をしているのが「トンベ・デュ・カミヨン」。セピアカラーの紳士のポートレートに替え襟や付け髭をコーディネートし、一風変わったインテリアの提案をしていた／2・3.装飾雑貨として人気の大小アルファベットは、凸版印刷用のゴム版。3～15€／4.0.5€の商品から揃っているので、子供から大人まで客層は幅広い。レストランやショップのインテリア用に大量買いするプロの姿も多い

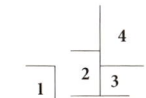

Clignancourt

目抜き通りのロジエに面して人気のマーケットが並んでいる。1日に全部のマルシェを見るのは不可能なので、狙いを定めてまわるのが得策。レストラン「オウ・プティ・ナヴィール」の角を曲がると、その奥に《マルシェ・ジュール・ヴァレ》などがある

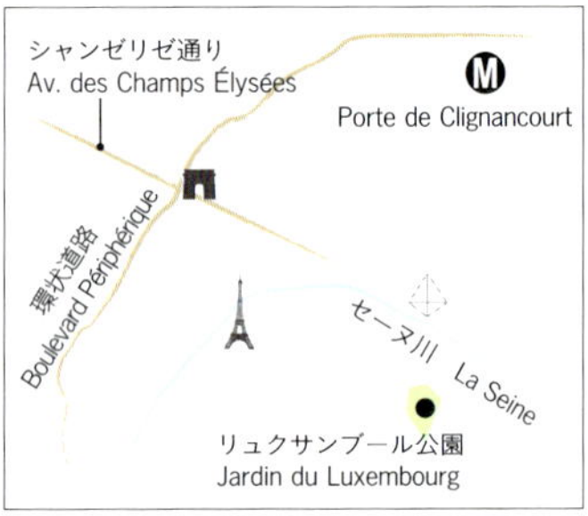

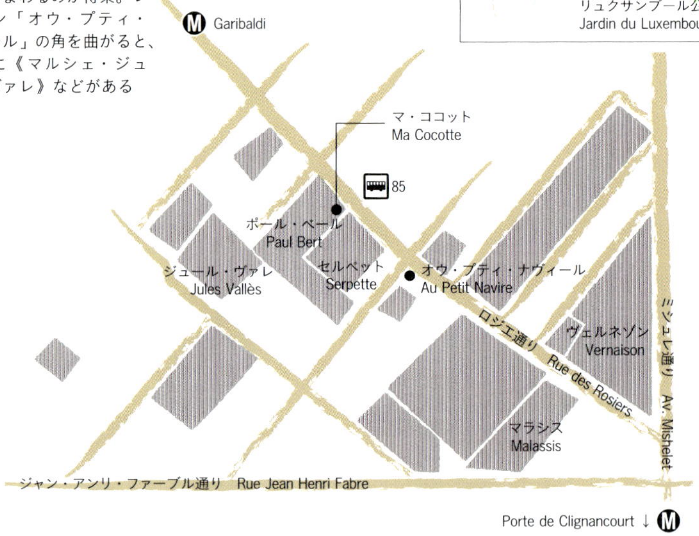

1・2. 1839年、初めて切手が発売されると「手紙を書く」行為が大流行した。その流行は世紀末から20世紀はじめに大ブレイクして、それに伴い多くの凝ったポストカードが出現した。愛する人や友人にメッセージをしたためるために作られたノスタルジックなポストカード。額装すれば素敵なインテリアに。2€～／3・4. 手や花言葉など、愛のモチーフのカードを数多く販売する「M.ドートレップ」は、20年前からこの場所にある

1	2	3
	4	

1.真剣な表情でフルートを吹く姿がチャーミング。精巧なドイツ、サックス窯のピエロの置物は、指が欠けているのがとても残念／2.22年もの長い間、フランスのガラス細工や玩具を販売しているマルシェ・ヴェルネゾンの「レ・トゥルバイユ・ド・テア＆ジャン・マルク」／3.自転車に乗った熊のぬいぐるみ80€

創業1918年。クリニャンクールのなかで最も歴史が古く、間口3mのバラックスタイルのスタンドが開店当時のまま使われている《マルシェ・ヴェルネゾン》。ここでは番地（スタンド番号）を大々的に掲げる看板が登場し、以前とは比べものにならないくらい店探しが簡単になりました。また、モード関係のアンティーク店が多く集まる《マルシェ・セルペット》は、季節を問わず快適に散策できるように冷暖房完備のアーケードに変身。

1.手にした置物ともそっくりな（？）A・P・エトーさん／2.鴨、イノシシなど、ジビエのためのテリーヌ型。20〜60€／3.昨今は見つけるのが非常に困難になったアンティークの銅製のキッチン用品やお菓子の型。NYをはじめ、世界中のレストランやパティスリーのデコレーション用に注文が絶えないそう。15〜200€

1.有名作家のものも混じっている人気のリモージュ・ボックス38〜45€／2.銀、錫、角など様々な素材のステッキや日傘の柄は装飾品として。95〜160€／3.可愛い犬付き灰皿45€／4.かつて靴はセクシャルな意味をもつ贈物だった。左75€、右135€／5.1900年頃、おみやげ品として流行したガラスの宝石箱。旅先の名前が記されている／6.キャティさんとファブリスさん夫妻は、陶板や象牙に描く肖像画「ミニアチュール」の専門家

1	2	3
	4	6
	5	

1	2	3
4	5	

1.20世紀初頭の有名デザイナーの作品をセレクトしたアナさんのスタンドは、上の店の隣／2.シルバー装飾が美しい調味料入れ70€／3.アール・デコを代表するデザイナー、ジャン・リュスのノベルティグッズ。250€／4.スコッチウイスキー「ブラック＆ホワイト」の宣伝用置物55€／5.エナメル装飾が印象的なグラスとカラフのセットは14ピースで780€

Marché Paul Bert

1	2
3	4

工場の閉鎖で廃棄処分になった照明や家具を扱うインダストリアル・デザインショップや、懐かしい手芸用品店「メルスリー」のデッドストックを扱う店が多い《マルシェ・ポール・ベール》の入り口には、フィリップ・スタルクがデザインしたカフェ＆レストラン「マ・ココット」まで誕生し、マーケットがオープンしない平日でも多くの人でにぎわっているのです。

1. アンティークやブロカントで飾られた「マ・ココット」。食事も美味しいと評判／2. 個性溢れる店が並ぶ／3. バルボティン陶器の専門店「ロランス・ヴォークレール」のクッキーオブジェ1200€とトウモロコシの葉のコーヒーセット、6客700€／4. 英国ミントン社の器1800€

1. スタッフがみな親切な「オウ・プティ・ナヴィール」。ブランケット・ド・ヴォー（子牛のクリーム煮）など、フランスの伝統的家庭料理がリーズナブルに味わえる。大きなボウルで供されるクスクスも美味！／2. 常に満席なので12〜13時の最も混み合う時間は避けたほうがいい／3. ダンディなオーナー、ジャン・ブデル氏

1	2	3

	1	
2	5	7
3	6	8
4		

1.シャトゥーの市（→P20）にも定期的に出店している「レール・デメ」は、クリニャンクールに3軒のショップを持つ。最も新しいポール・ベールの店舗には18世紀から1970年代までの手芸小物が詰まっている／2.ボタンも各種揃う。1シート20€／3.「ニュアンス」と呼ばれるリヨンのシルクの見本帳はコレクターズ・アイテム300€／4・6.アイデア次第で楽しめるインテリア用ブレードや花形のリボンパーツ。花形パールは1袋5€〜／5.200×40cmのネクタイの生地見本はスカーフとして活用できる。70€／7.凝った刺繍のリボン飾りも各種ある。10€〜／8.工場閉鎖で放出された発色の良い1900年の糸

Marché Jules Vallès

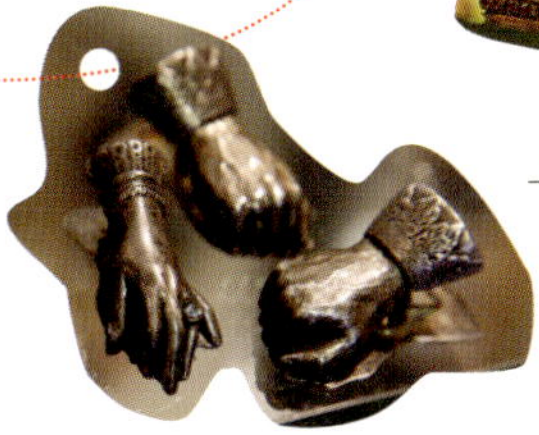

1 | 2

1.「レール・デメ」のアンティーク・ショップには、少し高めだが他では見かけない個性的なものが集まっている。手形の紙挟み各60€／2.引き延ばして用いるタイプの20世紀はじめのデコラティフなオペラグラス。600€〜／3.有名オートクチュールブランドのための生地やリボンを作っていた工場の見本は、帽子の箱に山積みにされていた。30€〜／4.リオのカーニバルの羽飾り!?といったユニークな商品もある／5・6.練りガラス「パット・ド・ヴェール」のアクセサリー・パーツ。一袋1〜6.5€／7.20世紀初頭の真鍮のメジャー250€

3

4 | 5 | 6 | 7

マーケットの活性化に伴い、これまでは“泥棒市”の雰囲気が否めなかった《マルシェ・ジュール・ヴァレ》も整頓されて入りやすくなりました。もともと業者同士の売買が中心だったこのマーケットでは、目抜き通りに面したマーケットと同じ商品を半額で手に入れられるチャンスもあります。ぜひ早めの時間に足を運んでみてください。

Marché Malassis

1		4
		5
2	3	6

1.飾り文字でエンブレムやイニシャルが彫刻された1840～50年のクリシー工房のグラスは、薄手の手吹きクリスタル製。左と右60€、中80€／2.イギリス製のジャム用セット。250€／3.脚の部分も空洞で、美しく泡が立ち上るシャンパングラス。180€／4.金彩が美しいチョコレートカップ450€／5.1830年、パリ、ボワイエ社の陶器。18枚の皿やコンポート皿のセット2200€／6.ドーム社のグラス各10€

私がこのところ通いつめているのが《マルシェ・マラシス》の「マルティン・ラアイ」。姉弟で営む小さなショップには、19〜20世紀初頭の美しいガラス製品や陶磁器、銀器、ウインドーに飾って楽しむ「ビブロ」と呼ばれる小物が溢れています。なかでもお勧めなのが「クリシー」の手吹きのクリスタルガラス。19〜20世紀前半に「オパリン」と呼ばれる美しい色つきガラスで名を上げた工房です。当時の淑女の日常を彷彿するコットンケースや香水瓶など、女性の鏡台を彩る小物には上品で繊細なものが揃っています。

ここでは、つい最近、オーナーのマルティンさんに「なぜ日本人は水用の大きなグラスをワイン用に買い求めるのかしら？」と尋ねられました。どうやらオーストリア・リーデル社のテイスティング用の大ぶりなワイングラスが主流になって、日本人には「ワイングラスは大きいほどよい」という刷り込みがされてしまったようです。しかし、昔はワインもシャンパンも今より高価だったため、古いグラスほど小さいのが一般的。なかには、食後のポートワイン用グラスと変わらない大きさの白ワイングラスもあるほどです。

1 / 2

1. 18世紀にマイセンでヒットした陶器の花。こちらは1900年代のフランス製。金彩のゴージャスなブロンズランプ 1500€／2. 1920年代に活躍した陶芸家、アリー・ビッテル作の妖精。夢のある題材と優しい表情にファンが多い。650€

会話の糸口をつかむカンバセーション・ピースにもなりうるのがアンティーク・グラスの楽しさ。脚の部分が空洞になって泡が美しく立ち上るシャンパングラスや、ジャン・リュス、ジョルジュ・シュヴァリエといった有名デザイナーの30年代のグラスは、アンティークに興味のない人をも魅了するでしょう。

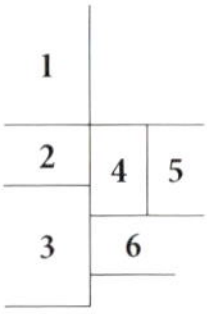

1.長年パリ2区で営業を続けていた「ヴェルヌ＆バルラン」は、オートクチュールメーカーのためにドレスのパーツを集めたり、アクセサリー・サンプルを作る会社だった。「レ・ペルレ・ダンタン」は、その工房にあった品物を集めた店／2.そのままブレスレットとして使える流木の化石、ジェット素材のブレード25€／3.「ヴェルヌ＆バルラン」社の社長令嬢だったフローラ・バルランさん／4.斬新なデザインのリボンの見本帳／5.工房にはビーズ刺繍の職人が6人もいたそう。縫うだけでバッグになる。300€／6.タッセル140€～

1.プロのデザイナーやモードの学校の生徒たちが足繁く通ってくる／2.1930年までは、食用ゼラチンを用いてスパンコールを作っていた。0.44€/g／3.手仕事の妙が活かされたアクセサリー・パーツ。43€／4.ビーズやパールなど、パーツは量り売りが多いのでアンティーク・マーケットでは珍しい秤が必需品なのだそう。黒いブレードは、練りガラスのものよりメタル刺繍のもののほうが古い。60€〜

85番バスでパリ観光しながら行こう！

クリニャンクールに行くには、メトロ4番線の終着駅ポルト・ド・クリニャンクール駅から歩くのが一般的ですが、手前のアフリカ人マーケットと間違えてしまって、「めぼしいものがない」と早々に引き上げてしまう人もいるとか。また最近、タクシーの窓ガラスを割って客のバッグをひったくるという犯罪も多発しているらしく、人の少ない早朝や夕方にこの辺りを歩くのは危険です。

そんなわけでお勧めしたいのが、リュクサンブール公園から出発する85番バスでマーケットの中心、ロジエ通りの《マルシェ・ポール・ベール》前の停留所まで行く方法。セーヌ川を渡り、昔ながらのパリの風情を残す商店街やモンマルトルの丘を越えて行くバスは、安全なだけでなく、窓から眺めるパリも楽しめてしまいます。時間はメトロの2倍かかりますが、ぜひ観光気分で乗車してみてください。

ポカポカ陽気に誘われて、お散歩気分で訪れるパリジャンも多い

フランス｜イル・ド・フランス地方

シャトゥー

美味しいスタンドも出店。
グルメも満喫できる、パリ郊外の国立定期市。

パリから郊外鉄道RERのA1線でサン・ジェルマン・アン・レイ方面に乗ると、約30分でセーヌ川沿いに広がる風光明媚な町、シャトゥー・クロアシーに到着します。19世紀末には印象派の画家が集い、多くの名作を生み出したこの町。映画「アメリ」にも登場したルノワールの「舟遊びの昼食」も、この町のガンゲット（音楽レストラン）を舞台に描かれたものとして有名です。

美しい声でさえずる機械仕掛けのシンギングバード1000€

1
2 3

1. 額装したら素敵なインテリアオブジェになりそうな、色鮮やかな刺繍が魅力の携帯用マリア像。5枚セットで20€／2. 目が合った瞬間、思わず微笑んでしまったチャーミングな人形。まるで音楽に合わせて踊っているよう／3. 19世紀に大流行したリモージュボックスは、コレクターズアイテムとして人気。fait main または décor main、Limoges Franceのサインがあるものが本物。蝶番がしっかりしているか確かめるのも大事。各20€

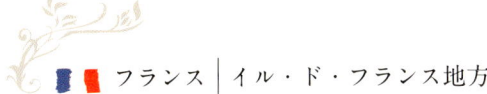

Chatou

郊外鉄道RERのA1線シャトゥー・クロアシーChatou-Croissyから徒歩で行くか、ひとつ手前のルイユ・マルメゾンRueil-Malmaisonで下車し、駅前から20分ごとに出ている無料のミニ・トレインに乗るのが便利

1 / 2

1. メルスリーの整理箪笥550€～や裁縫箱20€は人気商品／2. ひとつひとつのスタンドが大きく見やすいうえ、小型家具から手芸用品まで、観光客にも手に入れ易い商品が揃っているのがシャトゥーの市の魅力

そんなシャトゥーで、毎年3月と9月に開催されるのが《ブロカント、ハムの国立定期市》です。1970年代から定期的に開催されているこの市では、フランス中から集まるディーラー約800人によって上質のアンティークやブロカント（古道具）が販売されます。値段はパリ市内より若干安い程度ですが、それでもパリジャンの審美眼にかなうセンス溢れるものが多いと評判です。

このマーケットは道幅も広く、ひとつひとつのスタンドも非常に見やすいのが特徴です。まずは正面門で配られる地図をもらって、裏門に続く結ぶアレ（allée）とヴォア（voie）をぐるりとめぐり、それからリュ（rue）と呼ばれる内側の通りをお宝を求めてまわるとよいでしょう。市の中心には屋根と絨毯が設置された通りがあり、そこでは値の張る宝石や純銀のカトラリーなどが販売されています。

1. 12番地、ポパンクール通りのマダム・シコーのスタンドは、テントつきで雨天関係なくアンティーク選びに熱中できる／2. グラスを運ぶためのパニエ。テラスでアペリティフなどを楽しむときに役立つ／3. 19世紀後半、ロレーヌ地方ではロマンティックなエナメル細工のガラス製品がたくさん作られた。見とれてしまうほど美しいブルーのリキュール用ボトル200€／4. 小さいながらもインパクトのある筆さばきの小箱はアクセサリーや針道具入れに最適。80€

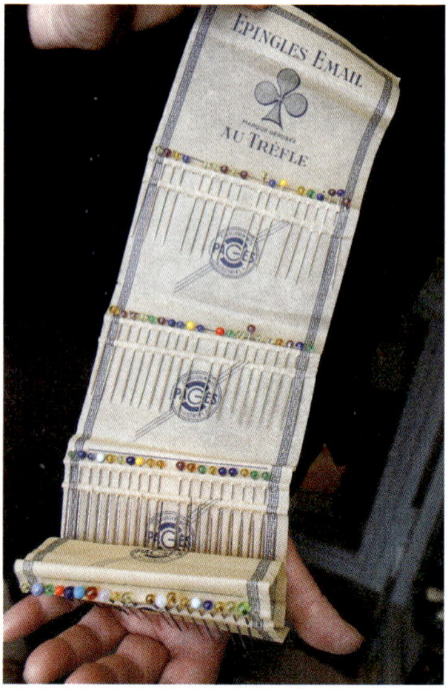

1	3
2	4

1. 1番地、ヌーヴェル通りには、人気の手芸用品と小型家具を扱うスタンドが立っている。あれこれ悩んで長居する女性客で常に混雑している／2. 19世紀後半のパリでは、それまで喪服だった黒いドレスが大流行した。黒いアンティークボタンはその時代のもの。1シート8€〜／3. 色とりどりのガラス玉がついた愛らしい待ち針はなんと100本！　大事に取っておきたくなる／4. ヨーロッパ更紗からシルク生地まで古裂が豊富。カルトナージュ用に求める人も多い。45€〜

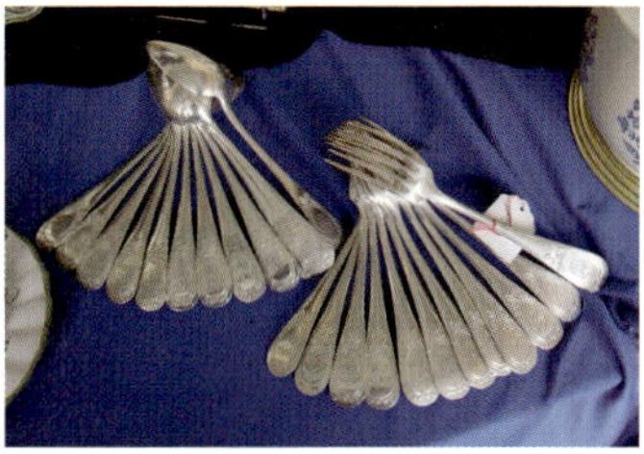

この規模のマーケットの場合、最初からひとつひとつのスタンドをじっくり見ていると時間切れで全体をまわりきれない可能性があります。まずは遠巻きにスタンドを眺めつつ、全体をざっくり見てまわることをお勧めします。自分とセンスの合う店があれば、足を止めて気になる商品をじっくり見定め、買うかどうか悩む商品があったら、商品名と値段を書いたショップカードをもらって地図に場所をマーク。こうすれば、後で戻ってゆっくり値段交渉することも可能です。

1.小さなリキュールグラスは、鞄に滑り込ませて持ち帰るのも簡単なコレクターズアイテム。20～65€。陶器製は、温めたリキュールを飲むのに最適／2.クリストフル社のシルバープレートのティースプーンは6本で150€くらい／3.手頃なサイズのテリーヌ型は塩入れに便利。180€。手前はバター用の印判。かつては各製造者がオリジナルの印判で印をつけていた。15€

1 | 2
3

1.小麦粉、塩、砂糖などを入れておくためのチェッカー柄のキャニスターは1930年代のもの。それ以前は陶器製が多い／2.上品な絵柄の陶磁器は19世紀のベルギー製。50€／3.スパイシーな香りが食欲をそそるクレオール料理のスタンド

シャトゥーの市をお勧めするもうひとつの理由は、バカンス気分を盛り上げる屋外のランチが楽しめること。こちらで茹でたてのパリ風ハムや珍しいフランス領アンティル諸島のクレオール料理を購入したら、あちらで美味しいブルゴーニュワインを購入し、常設テントの下で舌鼓を打つ……そんなのどかなランチを楽しむことができるのです。また、石臼でひいたディジョンの赤ワインのマスタードやリヨンのソーセージなど、おみやげにして喜ばれる商品も豊富に揃っています。

1 | 2

1. 18世紀に時計職人が生み出した「オートメータ」／**2.** ヴォルテール大通りは美味しいものの宝庫。フォアグラからソーセージまで、目移りしてしまうほど

バラが咲き誇る、ナポレオンとジョセフィーヌの城。

シャトゥーの市の表門から無料のミニトレインに乗ると、RERのルイユ・マルメゾン駅に到着します。この町には、1799年にナポレオンと妻ジョセフィーヌが購入し、少しずつ手を加えて快適に暮らしたマルメゾン城があります。ここではナポレオンの書斎や図書室などが当時のまま展示されていて、普段見ることの少ない19世紀初めの「皇帝スタイル」のインテリアを鑑賞できます。また、当時一世を風靡したメルベイユーズ・スタイルのドレスや美しい宝石箱など、ジョセフィーヌの愛用品にも素晴らしいものが揃っています。

また、庭には250種ものバラが咲く園があり、バラの季節には芳しい花の薫りに誘われて多くのパリジャンが訪れます。世界中から集められた原種は、現代のバラの育種にも大きく貢献したといいます。

嫡子が生まれないという理由でナポレオンと離婚に追い込まれたジョセフィーヌですが、彼女は最後までナポレオンを愛し続け、皇帝との愛の想い出を胸に、この城で余生を送りました。

ノートルダム教会広場には、「アール・ポピュレール」と呼ばれる味のある道具や民芸品が溢れている

フランス｜ノルマンディー地方

レ・ザンドリィ

地元住民のスタンドも楽しい、
セーヌ川沿いのアットホームな大市。

パリから車で1時間半。モネの秀作「睡蓮」で有名なジヴェルニーからさらに30kmほどセーヌ川沿いを下ると、ノルマンディー地方のレ・ザンドリィに到着します。19世紀後半にパリからの鉄道が敷かれると、セーヌ川の水面に映る幻想的な光のうつろいをキャンバスに封じ込めようと、多くの画家がこの地を訪れました。また、この町はフランスで最もイギリス人旅行者が多い場所です。それは、12世紀にこの地が、剣の達人、獅子心王リチャード1世によってイギリス領になったから。現在でも、彼が築いた城跡を一目見ようという観光客が絶えないのだそうです。

1.個性的な小箱40€／2.小さいながらもきちんと作られている人形用の椅子20€／3.ファン垂涎のお洒落な額入りM・モンローのブロマイド／4.プジョー社のコーヒーミルと胡椒挽きはコレクターもいる。左から56€、49€、95€

1 | 2

1. 緑の絨毯を敷き詰めたようなのどかな牧草地帯が広がるレ・ザンドリィ。17世紀の豪奢な建物も点在する。シスレーはじめ多くの印象派の画家がこの地を描いた／**2.** イギリス人観光客が愛して止まないガイヤール城跡地からは、陽光にきらめくセーヌ川の絶景が見渡せる

フランス革命時に北東フランスの国境近くに誕生したロンヴィ窯。エキゾティックなエナメル彩色が魅力的な卓上調味料入れ50€

そんなレ・ザンドリィでは、毎年９月の２週目の週末に、町をあげての大アンティーク・マーケットが開催されます。最低12ユーロ支払えば誰でもスタンドを構えることができ、フリーマーケット気分で出店する地元の人も多いため、商品は新旧入り乱れて若干見づらいのが難点。けれどもアンティークに関して言えば、交通費がかからない地元のプロが多いので、パリでは考えられない破格値がついているのが魅力です。

Les Andelys

車ならパリから高速A13線をルーアンRouen方面に向かい、17番ガイヨンGaillon出口からD316、D313を経由。電車ならサン・ラザールSaint-Lazareから急行でルーアン経由ガイヨン駅まで約1時間。そこからタクシーが便利。出店数は約1300店

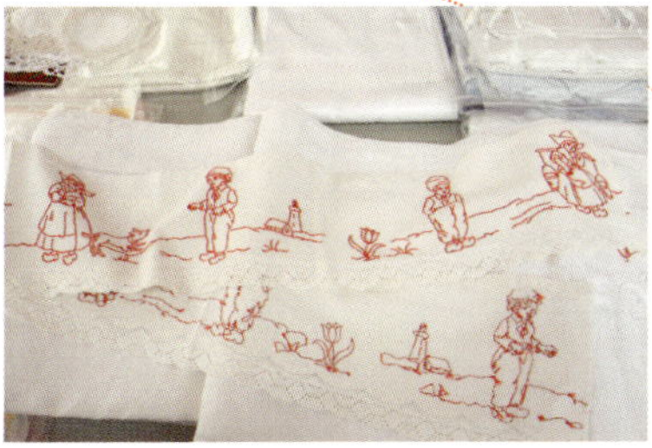

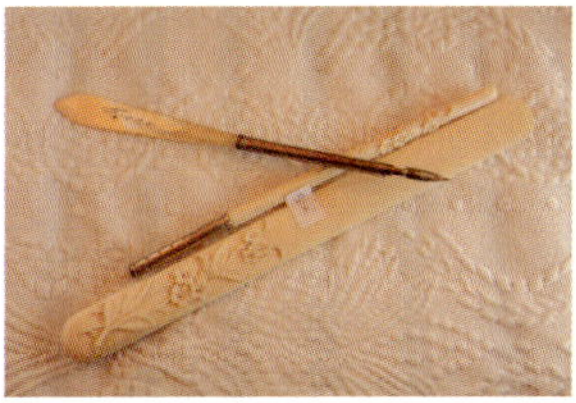

1 | 3
2

1.白地に愛らしい赤い刺繍が効いているカーテントップ。1.45mで12€／2.ディエップの象牙細工は、ジュエリーや扇の骨、洋裁道具などに姿を変えて女性に愛された。ペーパーナイフはマザー・オブ・パールの飾りペンとセットで150€／3.大事に箱に納められたシルバーの子供用指ぬきセット45€

ノルマンディー地方の市にはバターケースやミルクポットの種類が
豊富。牛柄のバターケースは年代によって値段が異なる。15～20€

セーヌの川岸に立つ、税関跡地のホテルに泊まる。

かつては港に陸揚げされた輸入品をパリまで運ぶ要所だったレ・ザンドリィ。セーヌ川岸と対岸の間には「シェーヌ・ドール（金の鎖）」がかけられ、その通行税によって町は発展を続けました。

ミシュラン・ガイドでも評判のオーベルジュ「ラ・シェーヌ・ドール」は、当時の税関跡に建てられた料理自慢の旅籠。アップルパイやチーズ、カルヴァドスなど、この地の美味を満喫できます。

光の加減で刻々と表情を変えるセーヌ川を何時間でも眺めていたくなるのが、川に面したジュニア・スイートルーム。この地方の子女が嫁ぐ際にリネン類を詰める「ラビ・アンサンブル」というタンスや、手仕事の妙が生かされたアンティークで飾られた客室は静かで快適な眠りを約束してくれます。

1　2

1. ローラーつきのテーブルやピアノの脚の下に置いて床に傷が着くのを防ぐプレスガラスのプロテクト。4つセットで12€〜／**2.** 1972年に工場が閉鎖されたサビノのプレスガラスの置物15€〜。窓辺にいくつかまとめて飾ると俄然引き立つ

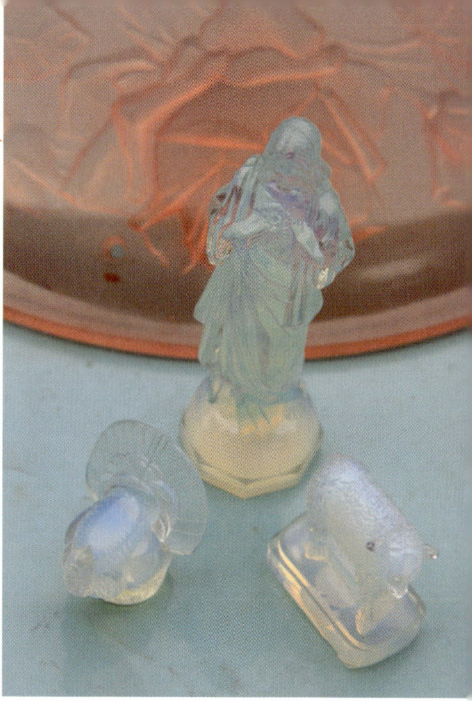

　この市で見つけたいのは、1930年くらいまでこの地方で作られていた「スポンジ・プリント」の陶器。絵付けにスポンジを用いるのは、陶工の家で子供が容易に手伝えるようにと編み出された技法なのだとか。その稚拙さがたまらなく愛らしい陶器です。また、アール・デコ時代にガラスデザイナー、ルネ・ラリックと人気を二分したマリウス・エルネスト・サビノ（通称・サビノ）も、この地方で活躍した芸術家。動物や鳥を鋳型で象った「プレスガラス」は、印象派の画家が愛したこの土地の柔らかな光を思わせる乳白色やきれいなブルーが魅力です。

インテリアとしてもお洒落な30年代の時計。正確でないもののまだ動いているので修復可能だそう。240€

1 | 2

1.大きなプラタナスの木々がそよそよと揺らぐレプブリック大通りには、新旧さまざまな品物のスタンドが並ぶ／2.イギリス生まれのスポンジプリントは1930年頃までこの地でも作られた。12€。左は香水を入れてランプの熱で薫らせるパフューマー24€

マルヴィル通りで見つけたキッチン用品のスタンドでは、ホーローウエアが各色揃っていた。鍋25€、レードル掛けセット85€。水色同様、赤も人気色

まずはリシャール・クール・ド・リオン通りの観光局で地図を入手し、お宝が集中するノートルダム教会広場へ直行しましょう。そこを丹念に物色した後は、ジェネラル・ド・ゴール大通りやプラタナスの木漏れ日が心地よいレプブリック大通りへ。また、公園に面したマルヴィル通りやデポルテ・マルティル通りにも流行のインダストリアル・アートやアルミのキッチン雑貨などが溢れています。

お洒落なデザインの30年代の扇風機30€やテレビ、ラジオなどの電化製品も見つかる

2
1
3

1. 乾物店でシリアルを計り売りするときに用いた曲げ木の計量カップセット110€／2. 教会広場に毎年出店するトンデュさん。専門はアール・ポピュレールと呼ばれる民芸品や道具類。地面に落ちてりんごが傷つかないように発明された収穫用の道具を手ににっこり／3. 1820年頃、ろうをしみ込ませた木綿の紐を入れて火を灯し、地下の酒蔵を照らすために作られた「ラ・ド・カーブ」5€

大通りよりも出店料が安い裏通りには、小さな女の子が小遣い稼ぎにいらなくなった玩具を広げ、その横で両親が年代物の扇風機を売っている姿も見られます。秋の気配を感じるレ・ザンドリィの大アンティーク・マーケットは、そんな和気あいあいとした雰囲気に包まれた市なのです。

1
2

子供たちのいらなくなった玩具類には、案外可愛いものがある／**1.**映画『アメリ』にも登場した『白雪姫と七人の小人』の像はガーデングッズとして人気／**2.**1月6日の公現祭に食べるガレット・デ・ロワのなかに入れる爪サイズの陶製のフェーヴ人形。これを収集するフランス人は多い

現行品の箪笥の引き出しのつまみをブロカントに変えるだけで、とても素敵なインテリアに変身する。全部で75€

足をのばして出かけたい、ディエップの象牙細工美術館。

19世紀初頭のパリでは、貴族やブルジョワ階級の女主人が催す「サロン」に文化人や芸術家が集い、華やかな日々を送っていました。ベリー公爵夫人は、そんなパリの社交界「トゥ・パリ」の中心人物でした。彼女は、その時代にセクシーの証であった小さな脚と、ため息がでるほど美しい象牙の小物で人々を魅了したと伝えられています。

✣

気管支炎で悩んでいた彼女はフランス初の海のリゾート、ディエップを定期的に訪れました。ディエップは17世紀にはフランス一の貿易港として栄えた港町。なかでもアフリカの象牙は最も高額で取引された輸入品で、町には腕の立つ職人が集まり、象牙細工のメッカとなりました。

✣

象牙細工は、1mm以下の極細の一刻刀で作り出すミクロの芸術作品。キリスト像や宗教儀式の道具、タバコ入れ、扇、日傘の把手などを何層もの微小の彫刻で作り出す職人技は、コンピューター技術が発達した現代でも100％解明するのは不可能なのだとか。こうした象牙細工はフランス革命で一旦影を潜めるものの、ベリー公爵夫人が持ち帰ったことでパリの社交界で再びブレイクしたのです。

✣

ディエップにある美術館では、18～20世紀初めの象牙細工が私たちの目を楽しませてくれます。なるべく質の良いものを選ぶためにも、アンティーク・マーケットに行く前には逸品を目にする機会を設けたいものです。

年に一度の大掃除を兼ねて、不用な日用品を販売する住民も多い。そんななかから、思わぬお宝を発見するのも一興

フランス｜ノール・パ・ド・カレー地方

リル

36時間ぶっとおしで続く、北仏の大蚤の市。ムール貝のランチも忘れずに。

パリから高速鉄道TGVで1時間。ベルギー国境手前のノール・パ・ド・カレー地方にリルはあります。19世紀にテキスタイル産業で大いに繁栄しながらも、第二次世界大戦の爆撃で美しい建造物がほとんど破壊された悲劇的な町ですが、2004年に欧州文化首都に選ばれ、近郊のランスにルーヴル美術館の分館ができたことで観光客も多くなりました。そしてまた、毎年9月の第1土曜日の15時から翌日の真夜中まで、町をあげての《ブラドリー》が開催されることでも知られています。

1. バカンス気分の抜けない9月はじめということもあり、訪れる人々もなんだかのんびりムード／2. ポルト・ド・パリから伸びるレデュイ通りには、良質のブロカントを扱うベルギー人コレクターが陣取っている。エール・フランスのファーストクラスで配られていた灰皿10€など、お手頃価格のお宝が見つかる可能性大

1 / 2

1.ほとんどの商店が閉まるなか、町に点在する本格的なアートギャラリーやアンティークショップは軒先に商品を飾り、特売を行っている。"本物"を手に入れる良い機会でもある／2.小さくて愛らしい収穫の神様、サン・アントワンヌの像10€

「ブラドリー」はフランドル語の「ブラデン（ロースト）」を語源とする言葉。北フランスやベルギー、オランダのフランドル地方では15世紀から定期市が開催され、必ずと言っていいほどロースト肉が販売されたので「市＝ブラドリー」と呼ばれたそうです。

毎年300万人以上のビジターでにぎわうこのブラドリーでは、のべ200km、町じゅうの道という道に約1万人の業者が立ち、思い思いの品を販売します。一部の目抜き通り以外は場所代が無料なので、なかには昨日まで使っていたような食器を売るアマチュア業者も。もちろん、そうした日用品のなかにも面白い品物が潜んでいますが、街全体をたった1日で見つくすのは到底無理。せっかくならプロの集まるジャン・バティスト・ルバ大通り、レオン・ガンベッタ、パリ、ナショナル、ヌーヴ、ベツネ通り、そしてオペラ座からルーバ通りを集中して散策しましょう。時間が余ったら、週末だけ骨董商になるアマチュアコレクターの多いシモン・ヴォラン広場や市役所広場を訪れるのをお勧めします。

Lille

町の中心にアクセスしやすいリル・フランドル Lille-Flandres までは、パリ北駅から高速鉄道 TGV で約1時間。毎時1〜2本の割合で行き来している。ブラドリーの最中はすべての道が歩行者天国になる。駅からポルト・ド・ルーバ通りまではトラム R 線を利用すると便利

1.アール・デコ時代に流行した「クラックレ」という技法で作られた陶器のサッカー少年8€／2.フランスでも貯金箱は豚、と相場が決まっている／3.つぶらな瞳で見つめられると思わず「いくら？」と聞いてしまう。猫好きにはたまらない、猫グッズばかりを集めたスタンド／4.18世紀後半に英スタッフォードシャーに誕生した「トビージャグ」は、19世紀末にフランスで再流行した

1	2	4
	3	

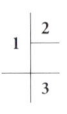

1.20世紀初頭、一般の家庭に電気が敷かれるようになった。その当時のランプと台風の緊急用ランプ15〜30€／2.今はもう作られていないグリーンのウラングラスは、闇夜で怪しく光るコレクターズアイテム／3.リルの周辺にはかつて炭坑がたくさんあった。そこで使われていたこのランプは、暗い歴史と対照的なポップな色

49番地、アングレテール通りのジュエリーショップでは、ブーローニュ・シュル・メールの漁師の置網をイメージした十字架200€など、珍しいノルマンディー地方の民族ジュエリーが手に入る

リルのブラドリーのランチは、ムール貝のワイン蒸しとフレンチフライで決まり！　町のあちこちにテントが立ち、陽気に集う人々の笑い声が響く

このブラドリーのアンティーク以外のお楽しみは、毎年開催されるムール貝のコンクール。どのレストランのムール貝のワイン蒸しが最も売れたかを競うもので、レストランは客が食べ終わった殻を店の玄関先に山積みにし、ブラドリーの最後にその山を見て売れた量を計り合うのです。リルのブラドリーを訪れたなら、ランチにはぜひムール貝を食べて、この余興に参加してみてください。

玩具は大人にとっても貴重なコレクターズアイテム。玩具を狙って集まるコレクターさえいる。また、ブラドリーは子供にとっての大切な収入源。そんなわけで、要らなくなった玩具を販売するのにも熱が入る。ちびっ子ディーラーは、案外、値段にシビア。愛着のある玩具の値引きはしない主義だし、隣でディスカウントする親に「安過ぎ！」とチェックを入れることさえある

お宝を求めて訪れた人で埋め尽くされたポン通りには、地元の名産品を売るスタンドも立つ

フランス｜ブルゴーニュ地方

アイヤン・シュル・トロン

ワインの里で楽しむ真夏の一大イベントは、まさに“屋根裏を空にする市”。

葡萄の栽培に適した、起伏に富んだ日当りのよい斜面が広がるブルゴーニュ地方、アイヤン・シュル・トロン。ここは、日本人が大好きな白ワイン「シャブリ」の名産地として知られています。収穫を待つ葡萄の実がふっくらと熟す8月の第1日曜日。普段はさして観光客も訪れない、こののどかな田舎町で《ヴィッド・グルニエ市》が開催されます。近隣の村々から大勢のコレクターが集まり、目抜き通りは、人、人、人の山。

1
2 | 3

1. 1977年のムートン・ロートシルトなど、ワインの里だからとつい購入してしまいがちなヴィンテージ・ワイン。しかし、保存状態はイマイチ不確か／2. ルヴァン大通りには、ピュアシルバーのカトラリーやクリスタルの香水瓶など、価値あるアンティークのスタンドが並ぶ／3. シャトー・デファンにもあった鶏型のキャンディーケース15€

「ヴィッド・グルニエ(屋根裏を空にする)」の名の通り、この市にはプロのディーラーに交じって、おばあちゃん家の屋根裏から見つかったグラスや陶磁器などの実用品を販売するにわかディーラーが集まります。2〜10ユーロという驚きの安さで販売されるもののなかには、ノルマンディー地方のセミ・クリスタル（鉛の含有量が普通のクリスタルより少ないガラス）のほか、パリ万博で大いにもてはやされたロワール地方のジアン窯やパリ近郊オワーズ県のクレイユ＆モントロー窯の陶器の皿など、料理好きにはたまらないお宝が見つかる可能性が大。

1 / 2

1.顔見知りに出合って世間話に花が咲く。代々ワインで財を成してきた人の多いブルゴーニュでは、見応えあるアンティークがお目見えする／2.ノール大通りの入口に立つペルピエさんとケレルさんのスタンドでは、20世紀はじめの陶器やキッチン用品を1€から販売

Aillant-sur-Tholon

パリから高速A6線をリヨンLyon方面に。18番ジョワニーJoigny出口で降り、そこからD943、D955をオセールAuxerre方面に行き、約1時間40分で到着。電車の場合はリヨン駅から急行でオセールまで行き、そこからタクシーが便利。出店数は約700

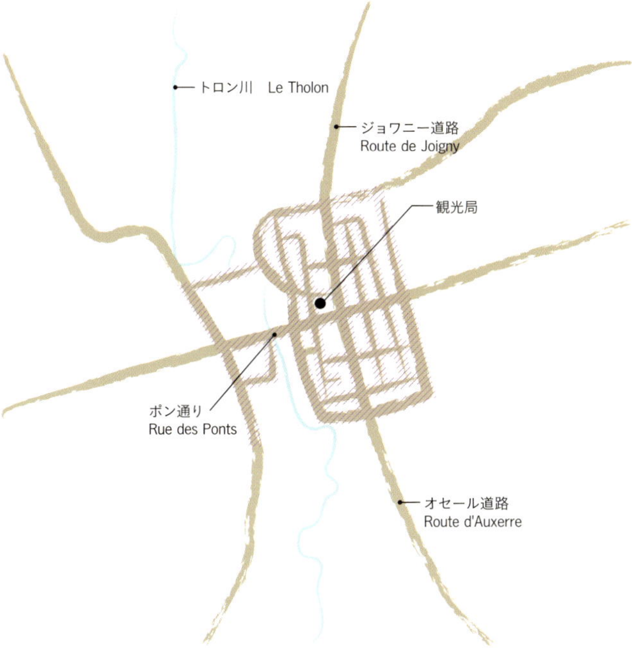

1 2
3 4 5

1. 水道が完備されていなかった時代、洗面台には洗面器と水差しが必須だった。きれいに洗いながら使われていたが、背の低い水差しは時におまるとして代用された。セットで75€／**2.** 付け合わせの野菜などを盛りつけたこぶりのオバール皿は1枚5€～。カジュアルな印判の陶器は使いやすい／**3.** スポンジで柄付けしたカフェオレボウル3€、左は洋梨のアルコールを飲むための「ブリュロ」／**4.** 1920年頃の陶器のキャニスター30€。「Chicorée（チコリの根）」を乾燥させたものは当時高価だったコーヒーの代用品／**5.** バスルーム用の道具入れ。手前には、海綿のスポンジを置いて使った

アール・ヌーヴォーの時代に愛されたヤドリギのモチーフのティーカップ180€、コーヒーカップは4個セットで480€

1	2
3	

1.草木染めのヨーロッパ更紗やマリー・アントワネットが愛したトワル・ド・ジュイの生地。20€～／2.P51の「シャトー・デファン」の客室にも飾られていたリトグラフ。19世紀の雑誌の付録で、当時の最新ファッションが描かれている。15～30€／3.赤い刺繍のリネンは、ランプの下に敷くなど、インテリアのポイントして用いたい

ピュイフォルカ社のシルバープレートのカトラリー。セットで25€

時代を経て、こっくりした飴色に“育った”皿には、どんな家庭料理も美味しく見せる懐の広さが感じられます。また、かつての持ち主の紋章やイニシャルが美しいグラヴュール（手彫り）彫刻されたグラス類はアンティークならではのもの。セットで見つけるのは至難の業ですが、1～2個のバラで購入できるのは旅行者にはかえって魅力的です。

1 2 3 4

1. 別々のスタンドで、一緒に並べても違和感がないものを選んで手に入れたクリスタルグラス。左は2個で4€、右は2個で10€／**2.** 左の2つは聖体のパンを入れて教会のミサで用いたグラス。吹きガラスの手作り感が素敵。左180€、右110€。右端は18世紀のジャム瓶110€／**3.** 19世紀の女性のピン入れ。蓋は純銀でモノグラムが彫刻されている。22€を18€に値切ってゲット／**4.** 小さなろうそくを立てて使うと可愛いプチ・ケーキ型。1個2€

歩き疲れたら、すっきりした味わいのシャブリで気を静め、再びお宝探しに出陣！1万円あれば丸1日楽しめる、「ヴィッド・グルニエ」ならではの醍醐味に満ちた、ひと夏の一大イベントです。

1.アール・デコ時代の短い期間に活動していたデザイナー、ロブジェのパフューマー350€／2.ティエリー・ルビー広場には、ひと休みするためのベンチが出ている。休憩時には、ぜひ地元のシャブリをテイスティングしたい

自宅で真似したい、センス抜群のアンティーク調B&B。

1 2 3 4

1. 客室は全部で3室。どの部屋もアンティークが上手に用いられている。110€〜／2. 絵のように美しい中庭。裏庭には、ブリューノさん自慢の菜園とプールがある／3. 手際よく美味しい料理を作るブリューノさん。なんと朝食のヨーグルトまで手作り／4. 蚤の市めぐりの後は、美味しいディナーに舌鼓を打つ。この日の前菜は、喉ごしのよいガスパチョ。コース30€

アイヤン・シュル・トロンに行く際にぜひ泊まりたいのが、イケメンオーナーが営むシャンブル・ドート（B&B）「シャトー・デュ・デファン」。ここは、マーケットでどんなアンティークを購入したらいいかのアイデアに溢れた宿です。

オーナーのブリューノさんは、パリのホテルマンからインテリア・スタイリストを経てアンティーク・ディーラーに転身。その後、古城を購入して修復に約3年を費やし、美しいインテリアと得意の料理で客をもてなす宿をオープンしました。18世紀の社交サロンの女主人が暮らした城は20世紀に火事に見舞われ、彼が購入した当時は半分焼け焦げの見るも無惨な姿だったとか。それを土台から修復し、まるでインテリア雑誌から抜け出たようなアンティーク調にリフォームしたのは、元アンティーク・ディーラーの彼だからこそ成せる技でしょう。

一見すべてがアンティークに見えるものの、IKEAのオーブンや量販店の食器をミックスして合理性を重視。シックでチャーミングに統一された3つの客室は、テレビをアンティークのキャビネットのなかに隠すなど細部まで美的に見える配慮がされています。

「フランスでは素敵に見えたアンティークが、日本ではなんだか汚く見えてしまった」という経験のある方に大いに参考にしていただきたいブリューノさんの審美眼！

そのアイデアを今すぐ日本の住空間で生かしたいと思わせる、安らぎの宿です。

個性溢れる140のスタンドが立ち、大アンティーク市で最も賑わうゴーティエ公園。別荘客を狙った大型家具も数多く出品される

フランス｜プロヴァンス地方

リル・シュル・ラ・ソルグ

バカンス気分満載の大アンティーク市で、南仏ならではのお宝ゲット！

南仏プロヴァンス地方の玄関口アヴィニョンから東のモナスク方向に約30分ほど車を走らせると、長く伸びた糸杉の並木道の向こうにリュベロン山が現れます。リル・シュル・ラ・ソルグは、この切り立った山の麓に位置する愛らしい村です。

この村のアンティーク・マーケットの歴史は1966年に遡ります。市長から村おこしを任命されたレジエ氏とガシエ氏は骨董市で町を活性化しようと思いつき、仲間の骨董商に声をかけました。当初14スタンドから始まった市は年々活気を増し、現在はソルグ川ほとりのキャトル・オタージュ通りに100軒近い露店が立ち、《ヴィラージュ》や《クール》と名付けられた10のアーケードにパリや南仏の業者が週末限定でブティックを構える、洗練されたアンティーク村へと成長しました。

1 / 2

1. レモンやオレンジの木などを入れてサンルームに置いたら引き立ちそうな、マーブル模様が魅力のアプト窯の鉢カバー／2. 唐草模様のブリキのバスケット。口金にまで細く植物柄が彫金がされている。12€

L'Isle-sur-la-Sorgue

アヴィニョンAvignonまではパリ・リヨン駅Paris-Lyonから高速鉄道TGVで2時間半。そこからアプトApt行きのバスに乗るか電車で30分でソルグに到着。タクシーならアヴィニョン駅から約70€。毎週日曜にはソルグ川沿いに露店が立ち、すべての路面店、アーケードがオープンする

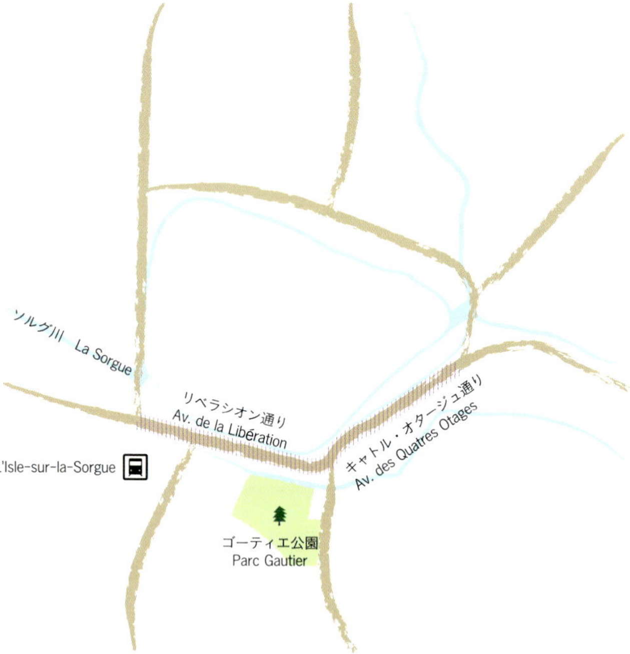

リル・シュル・ラ・ソルグを訪れるなら、暦のうえで春を告げる復活祭と8月15日の被昇天の祝日の、それぞれ前後4日間がお勧め。なぜなら、この時期は通常のディーラー以外に南仏じゅうのディーラーが集まる大アンティーク・マーケットが開催されるからです。スタンドの数はおよそ1000！　3日間かけてやっと全部をまわりきるほどの規模なのです。

リル・シュル・ラ・ソルグは、近隣の泉から湧き出る清らかな水が流れ込み、あちらこちらに花々が咲き乱れる美しい村

1.ほとんどの業者は、毎年、同じ場所にスタンドを構えるので、趣味の合う店を覚えておけば好みの品がすぐに見つかる。きちんとメンテナンスされているリネン類は特にお勧め／2.川の北側にあり、見落としがちな「ラ・クール」にはホーロー製品の専門店「マリー・アマール」がある

1 | 2

1.マリー・アントワネットが愛した矢車菊の柄のデコラティブな磁器。ベル・エポック時代のもので、カップ2個とミルクピッチャーで120€／2.昔ながらのスタイルで、把手が横にあるコーヒーポットは、1890年代のもの。290€／3.アール・デコ時代のジオメトリックなデザインが素敵な陶製の小型ボウル。銀彩が効いている。6個で150€

目抜き通り、キャトル・オタージュの東端に1930〜70年代のスタイリッシュなオブジェを扱う路面店「ムーヴモン」を発見。サバティーニ作のオブジェ500€

　リル・シュル・ラ・ソルグの市で手に入れたいのは、この地方の赤土で作られた陶器。17世紀に個性溢れる絵柄を生み出して王侯貴族を夢心地にさせた曇りのない白地釉陶器「ムスティエ焼き」の上品な魅力には屈しがたいものがありますが、手に取りやすいのはグリーンやイエローの釉薬を大雑把にかけた、アプトやヴァロリス窯の素朴な雑器。特にタジン鍋の蓋を逆さにしたような大小の万能桶「チャン」は、サラダボウルにしたり、果物を入れて食卓のインテリアにしたりと大活躍します。また、塩入れとしても利用可能な小型のテリーヌ鍋は、多少重くても、わざわざ持ち帰りたいお勧めアイテムです。

1.惚れ惚れするほど美しい19世紀後半のオーヴェルニュ地方のバスケット。38€／2.女性好みの色や絵柄が特徴のホーローのスープチュリンは1910〜30年代のもの。家族のために美味しい料理を作った主婦の台所を彩ってきた品

1 2

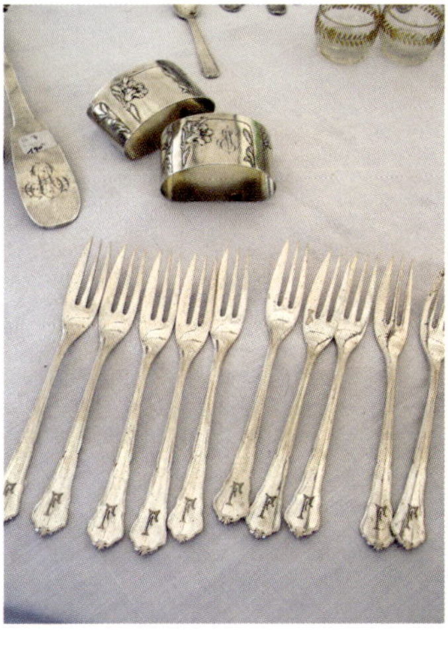

1 2

1.16世紀に南米からスペインにもたらされたジャガイモ。その花柄は、ムスティエ焼きを一躍有名にした／2.ドイツ製の純銀のデザートフォーク。10本セットで110€。アール・ヌーヴォー時代のナプキンリングは2個180€

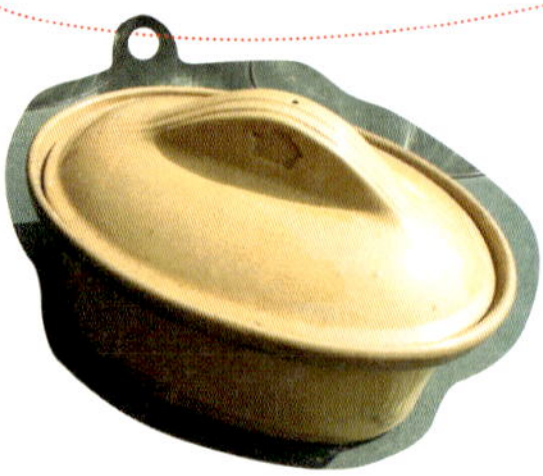

小さなテリーヌ型は、岩塩を入れておくとキッチンで大活躍する。45€

もうひとつ、この地方でしか見つけられないものに、「ピケ」や「ブティ」と呼ばれる刺し子があります。中世の頃から貿易港として栄えたマルセイユには、中央アジアやインドから地中海を経由して綿やシルクが輸入され、高額で取引されていました。それに伴って町には仕立屋や染色屋が続々オープン。17世紀には近郊の町でコットン地に木版の草木染めで派手な植物や鳥や蝶をプリントしたインド風の生地「レ・ザンディアン」が生産されはじめます。この「フレンチ更紗」は、生地としてだけでなく「ピケ・ド・プロヴァンス」と呼ばれる刺し子になってフランスじゅうの女性の手に渡り、軽くてお洒落な衣装として大流行したのです。

ますます見つけるのが難しくなってきたレ・ザンディアン柄の「ピケ」。状態の良いものは10万円以上するが、気に入ったら即購入しよう

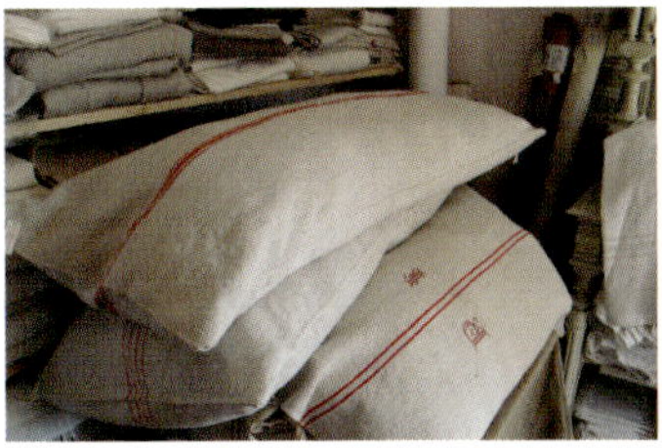

キャトル・オタージュ大通り1番地の「アトリエMPクレアシオン」では、状態のよいリネンの一部を用いてアップサイクルさせたベッドリネン等が手に入る。さらりとしていて日本の暑い夏にぴったり。枕カバー65€

現在では、この地の刺し子のコピー商品をフランスじゅうで見かけますが、やはり太陽と緑溢れる南仏で作られた色鮮やかな草木染めの刺し子に勝るものはありません。値段もそれなりに高価ですが、プロヴァンス地方の歴史と伝統を反映したコレクターズアイテム。状態の良いものを見かけたら、即買いをお勧めします。

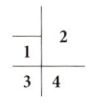

1.ショー用に作られたファッショナブルなシルバージュエリーの数々。左はアンドレ・デュモン作150€、右はP・カルダン作1200€／2.純銀のメッシュのバッグは19世紀のもの。600€／3.YSLのイヤリング250€／4.北欧の1970年代のシルバージュエリー80〜120€

1	2
3	4

1.クラシックな家具店のキャビネットのなかには、質の良い小物類が隠れている可能性が大／2.プロヴァンスのプリント地のクッションで覆われたラタンの椅子。大きなパニエを身につけた女性が腰掛けたので「公爵夫人」と呼ばれる。1脚1200€／3.サヴォア地方の18世紀の民芸品。ゆりかご500€

1 2
3

キャトル・オタージュ大通りの露店には、旅の記念になりそうな、お手頃サイズのアンティークが溢れている

収穫用のバスケットから教会装飾用の燭台まで、南仏の日常生活を反映したアンティークが処狭しと並んでいる

伝統的なアンティークに囲まれて、贅沢なひとときを。

年月を経たカナリアイエローの土壁にシンプルで美しいメタル細工の燭台が映える

1
2

1. アンティークでシックに飾り付けられたサロン。アペリティフや食後のコーヒータイムに利用したいくつろぎの空間／**2.** 眼下に雄大なプロヴァンスの風景が広がるテラス。夏の夜は、ここがダイニングの一等席になる

リル・シュル・ラ・ソルグに行くなら1日でも宿泊してみたいのが、同じヴォークルーズ県の北側、葡萄畑を見下ろす丘の上に建つラグジュアリーなプティホテル「オテル・クリヨン・ル・ブラーヴ」です。リル・シュル・ラ・ソルグまでは車で30分ほどかかりますが、途中にはフランス政府認定のガイドブック「フランスの美しい村」にもリストアップされているゴルド村や、一面ラベンダー畑が広がるセナンク修道院といった観光名所が点在し、プロヴァンスらしいのどかな風景が広がっています。

✣

もともとこの地方はブルゴーニュ公国や神聖ローマ帝国に統治された独自の文化が根付いた土地。アンティークのなかにも他の地方には存在しない用途の家具や装飾スタイルが見られます。たとえばパンを入れておくための戸棚「パヌティエ」や、猫脚ならぬ羊脚の椅子。こうした家具はフランスで一般的なマホガニー材ではなく、この地方で採れるクルミ材が多く、時にはペイントされています。

✣

こうした伝統的なアンティークを古ぼけた印象にせずコーディネートして見せるのが、このホテルのセンスの良さ。客室はすべて違うタイプのプロヴァンスらしいインテリアで飾られていて、どんなタイプの部屋かと想像する楽しみもあります。部屋には地元の名産品であるラベンダーポプリやマルセイユ石鹸が置かれ、冷蔵庫には厳選されたワインが。“痒いところに手が届く”きめ細やかなサービスも、このホテルの素晴らしさです。

ディスプレーはあってないような市だが、時にはオーナーの趣味で上品に陳列されたお洒落なスタンドも

バルジャック

破格のバカラに出合えるかも？
審美眼も鍛えられる、“何でもあり”のマーケット。

　アヴィニョンから北西に30分ほど車を走らせると辿り着くバルジャック村。この村のアンティーク・マーケットは毎回リル・シュル・ラ・ソルグの市より1日早くオープンし、ソルグの市に出店する業者がラストスパートで品物を物色する市として有名です。

筆置きやローション、香水瓶など、セットで揃えたら優雅なマダム気分に浸れる1890年代バカラ社の化粧セット。赤のグラデーションが美しい。60€〜

1. 象牙の持ち手の傘。かつて雨傘は黒と相場が決まっていた。日傘のほうが数が多いが小さいのが難点。120€〜／2. 子供用の家具や玩具など、実用的なブロカントも多い

Barjac

アヴィニョンAvignonから国道N580でバニョル・シュル・セーズBagnols-sur-Cézeへ向かい、そこからD980でサン・タンドレ・ド・ロックペルテュイSaint-André-de-Roquepertuis経由。もしくは、高速A7線をリヨンLyon方面に北上してからも行ける。出店数は400スタンド

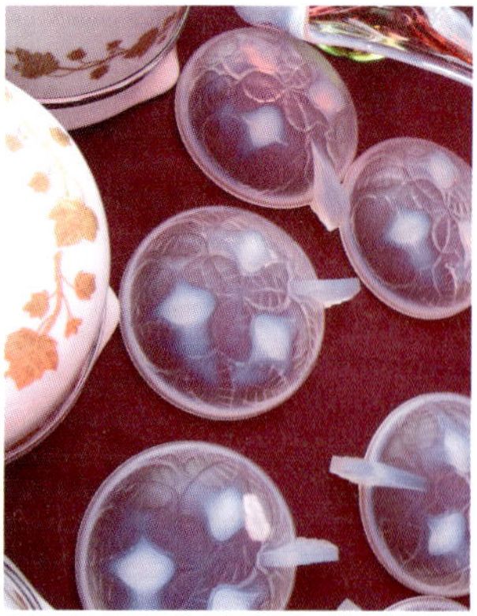

1 / 2

1. エナメル装飾が優雅な1860年頃の鉢カバー。この時代は温室を所有するのがステイタスで鉢カバーが沢山作られた。180€／**2.** 冷やしたカスタードクリームをサーブするオパリングラスのデザートカップ。6個で 90€

リル・シュル・ラ・ソルグが「洗練されたディスプレーの妙を楽しむ」マーケットだとしたら、バルジャックは、専門を持たない業者が「持っているものすべてをテーブルの上に一緒くたに並べて販売する」マーケット。こうしたマーケットでは、ぼんやりしていると何もかもが同じに見えてしまいがち。初心者にはやや高度なマーケットですが、その分値段の安さは推して知るべし。高級ガラスブランド「バカラ」「サン・ルイ」のクリスタルや純銀のカトラリーセットはもちろん、微量のウランを入れることでブラックライトをあてると怪しく発光する珍しいウラングラスなどが、耳を疑う金額で購入できます。

コンポート皿から鍋敷き、小さなグラスまで。ウラングラスばかりをまとめたスタンドは圧巻だ。グラス6€〜、大皿50€

そんなバルジャックのマーケットは、漠然と掘り出し物を探すよりも、事前に雑誌などでイメージトレーニングを積み、「こんなものが欲しい！」という目的意識をもって挑むことをお勧めします。

中毒性があるため1915年に製造禁止になったニガヨモギ酒、アブサン。スプーンに角砂糖をのせて注ぎ甘くして飲んだ。グラス20€、スプーン15€

1.女性が市民権を得たアール・デコの時代には、日々の生活のなかで女性が幸せな時間を過ごすためにアイデア商品がたくさん生まれた。花柄コンパクト20€／2.親指サイズの陶器のフィギュリン（人形）など、大切な小物をディスプレーするのにぴったりなガラスケース各50€／3.葡萄の葉を模したバルボティン陶器の皿。1枚55€／4.年々数が少なくなってきた人気のお菓子型53～55€／5.薔薇のモチーフがポップな50年代のビールジョッキ2個で10€

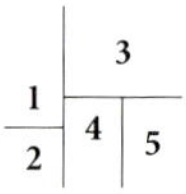

朝市に行ったら、重たいおみやげを買ってみよう。

その土地の人々の暮らしに触れられるのが、活気ある朝市。特にプロヴァンス地方の朝市には鳥のさえずりが響きわたり、目にも鮮やかな野菜と芳香豊かなハーブ類、手触りの良い麻布や試食用の美味しい食材が揃っていて、都会生活で鈍った五感を心地よく刺激してくれます。

朝市でまず購入したいのが、カラフルなラフィア椰子のバスケット。大ぶりで丈夫なバスケットは、マルセイユ石鹸やオリーブオイルといった、ちょっと重めのおみやげを入れて歩くのに便利です。クッション性も高いので、アンティーク・マーケットで購入した壊れ物を大事に抱えて持ち帰る際にも威力を発揮します。

交通の便のよいカルパントラやカヴァイヨンなどの大きな町には、見応えのある大きな朝市が立ちます。とはいえ小さな朝市にもそれなりの魅力があるので、ホテルで情報を仕入れて、アクセスのよい町を選ぶとよいでしょう。

昔の女性は眠る時もエレガントだった。ロマンティックなナイティーは、素敵な夢を約束してくれる。20€前後

1 | 2

1.スパンコールやブレードで装飾されたマント。こうした品物は、ファッションデザイナーの創作意欲を刺激する。装飾はすべて手刺繍。80€／2.さほど古いものではないけれど、お手頃価格でプロヴァンスらしい小花模様のブティを発見。180€〜

ノートルダム・デュ・サブロン教会に面したグラン・サブロンのアンティーク・マーケットは赤とグリーンのテントがトレードマーク

ベルギー

ブリュッセル

安さが自慢。
ヨーロッパ中の骨董好きが集まるマーケット。

ベルギーは独立してまだ180年余りの王国ですが、かつてはブルゴーニュ公、その後はハプスブルグ家の支配下におかれ、ネーデルランド連合王国の一部として栄えた土地。現在、首都ブリュッセルはEUの中心地です。そんな街に暮らす人々は、経済的にも文化的にも非常に水準が高く、家族や友人と過ごす時間を大切にしています。

若者たちは、早い時間にオフィスを後にしてリラックスした服装に着替え、再び街へ。そして、夜が更けるまで仲間とともにベルギービールとムール貝のワイン蒸しを楽しむのが習慣です。また中年層は、フォーマルウェアに身を包み、頻繁にクラシックやオペラの鑑賞に出かけます。これは、失われつつあるヨーロッパの伝統的なアフター5の光景です。

1
2

1.Stand91で見つけた犬のフィギュリンは19世紀末のデンマーク製。25€／2.アール・デコ時代に流行したファッショナブルな陶製の人形の頭。羽根の化粧パフや香水瓶のつまみにするため販売されていたのだそう。75～300€。Stand57

Stand88のマダム・ヴァンデルスリエンはグラン・サブロンのアンティーク市の古株。現代では珍しくなったバター、クッキー、造花など、戦前の凝った細工の鋳型を扱っている。左は20世紀初頭のクッキーボックス。大50€、小30€。右上は、鋳型を熱して布に葉脈や花弁を型押しする造花用の鋳型。飾っておいても美しい道具。3個で82€

1.オペラ鑑賞がブームだった19世紀後半のオペラグラス100€／2.こちらはマザーオブパール製180€／3.18〜19世紀初頭、メッセンジャーボーイを使って書簡を交わし合うのはお金持ちのステイタスだった。上は、純金装飾シルバー製850€、下は鼈甲製の封蝋ケース350€

1
2 3

Bruxelles

パリ北駅から高速列車タリスに乗って1時間25分でブリュッセル南駅に到着。市へはトラムのプティ・サブロンPetit Sablonで下車し、徒歩かタクシーが便利。出店96スタンド

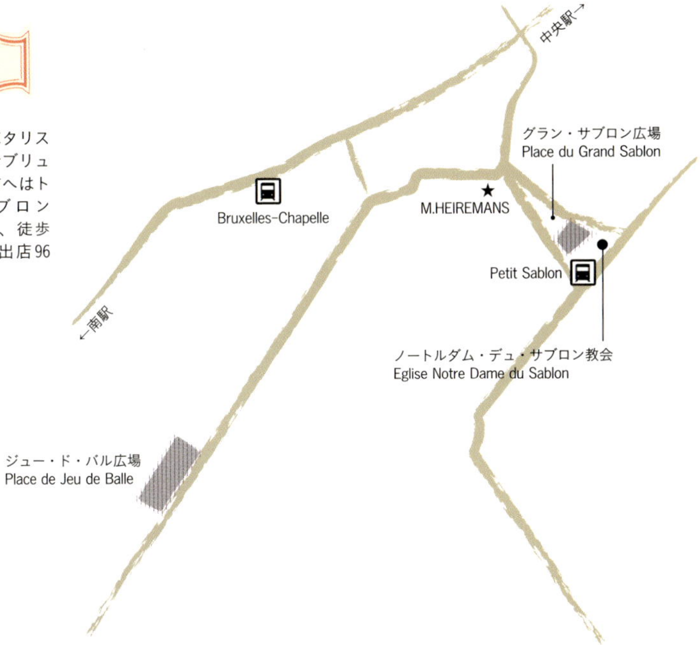

フランスの年季の入ったアンティーク通の間では、「品質のよいアンティークを探すなら、国内ではなくブリュッセルへ」というのが決まり文句。その言葉の意味は、ブリューゲルの絵画を所蔵する古典美術館のすぐそば、グラン・サブロン広場の蚤の市に行くと納得できます。ここでは、「蚤の市」のイメージを覆すクオリティの高いアンティークが、パリのほぼ半額で販売されているのです。

1／2

1. ボタンは1シート2〜50€。シルバー装飾のガラスボタンなどが一番高額／2. エナメルや「ペースト」と呼ばれるガラス玉、マーカサイトで装飾されたシューバックルは1900〜30年のもの。アクセサリーにアップサイクルしたい。各100€

Stand91のジョリスさんが営む「パルミール・アンティキテ」では、寄せ木細工の嗅ぎタバコ入れやピルケース、レース編みの鍵棒など、キャビネットに飾って楽しむための個性的な装飾小物「ビブロ」が沢山たくさんある

ブリュッセルはパリ同様アール・ヌーヴォースタイルが花開いた町。当時の建物も多く残っている。Stand39「リュストレ」では、ベルギーの人々にも馴染み深い、そうした時代の逸品が見つかる。真ん中上の花の蕾型ランプは1個40€。その下はアール・ヌーヴォー後期のスタイルのランプ675€

Stand 39「リュストレ」のランプやシャンデリアは、配線等のメンテナンスが済んでいるので持ち帰ってすぐに使える。ベルギー、フランスの1900年当時のシャンデリアは程よい大きさが日本の家庭向き。435〜640€

中世の時代からギルド（職人組合）で発展したブリュッセルは、タピストリーやレース、また、シルバーやガラスといった工芸品の宝庫。そうした工芸品は、現在でも細々ながら作り続けられていますが、グラン・サブロンに並ぶ贅を凝らしたものとは比較になりません。このマーケットの業者たちは、「ベルギーは他の国に比べて観光客が少ないから、冷やかしの客は少なく、本当に良いアンティークを求めている。だからこそ、自分たちは他に類を見ない上質な商品を集めることを心がけるし、値付けも控えめにしている」と口を揃えて話します。その言葉通り、ここでは驚くほど美しいアンティークの工芸品が安心価格で手に入るのです。

ジャコメッティーの彫刻を彷彿させるベルギーの彫刻家、デュフランのブロンズの胸像。620€

グラン・サブロンの蚤の市の周りには、100軒近いアンティーク専門店が点在しています。1900年のパリ万博でも大きくもてはやされた、植物や昆虫をモチーフにしたアール・ヌーヴォースタイルは、この街でも大流行しました。そうしたアール・ヌーヴォーの工芸品はもちろん、イタリアのムラノ島で20世紀に作られたモダンなガラス工芸のギャラリーなど、なかには一見敷居が高そうな店もありますが、「見るだけ」でも親切に迎え入れてくれるのがブリュッセルのアンティークショップの素晴らしいところ。そのうえ、こちらが日本人だとわかると、流暢な英語で商品説明までしてくれるのです。充分に目の保養をさせてもらったら、「Thank you」とお礼を言って店を出てください。そうすれば、購入せずともお互い気分がいいものです。

シュールレアリズムの画家マルグリットの美術館もオープンし、ますます充実した芸術都市となったブリュッセル。パリから日帰り旅行にも最適なアンティークの街です。

近代ガラス工芸のギャラリー「M.HEIREMANS」。広々とした店内には、ガラスだけでなくスカンジナビア、イタリア、ベルギーの1950〜60年代の家具も展示販売されている。左ページ中央の2つの花瓶は、ガラスの管を並べてストライプ柄を作る、フィリグリー技法のもの。左は、50年代イタリアのディノ・マルテンス作2900€、右は、ベルギーのファン・フッフェル作1200€。オーナーのエイルマンさんは、作品についてひとつひとつ見どころを解説してくれる。ちなみに愛犬の名前は「イヌ」。柴犬なので、その名前をつけたのだそう

毎日開催、ジュー・ド・バル広場のがらくた市。

グラン・サブロン地区では、飽きのこないアンティークを手頃な価格で購入するのが一興ですが、やはり蚤の市の雑多な雰囲気を味わいたいなら、街はずれのジュー・ド・バル広場まで足をのばすことをお勧めします。ここでは毎朝7時から14時まで、プロともアマチュアとも見分けのつかない業者たちによる蚤の市が開催されています。大半は取るに足らない中古品ですが、じっくり見ると、なかには優雅な19世紀の淑女のアクセサリーや、愛らしいぬいぐるみなど、“ハッと”させられるお宝が眠っています。

この市で気をつけなくてはならないのは、業者の言い値で商品を購入しないこと。ほとんどの場合、ひとつひとつの商品には値段がついていないので、外国人とわかると急に値段をつり上げてくる場合もあるからです。まずは半額から値引き交渉をはじめ、3分の2くらいで落ち着けば損はしないはず。

冷暖房完備のアーケード。落ち着いてアンティークを吟味することができる。カードが使えるのも安心

オランダ

アムステルダム

“大人カワイイ”が満載！
生まれ変わったアンティーク・アーケード。

17世紀、総面積4万㎢強の小国でありながら、他国に先駆けて東インド会社を設立し、類を見ない海洋貿易の国へと発展を遂げたオランダ。その中心にあったアムステルダムには、「海」という玄関口からお茶、香辛料、漆、陶磁器など様々な輸入品がもたらされました。なかでもヨーロッパの宮廷を熱狂させたのが、繊細で薄い白磁に藍色の文様が映えるアジアの染付です。アムステルダム近郊のデルフトで生まれ、フェルメールの絵画にも描かれている「デルフト焼き」は、その染付を模倣して誕生した陶器の窯元です。日本の小皿や中国の景徳鎮を真似て作られた陶器は、親近感があるうえに、日本のそれとは微妙に異なるエキゾティックな魅力を放っています。

ポップなデザインが印象的なストーンウエアのビスケットボックス225€。1930年代のドイツ製

運河に映える赤い外観が目印。毎週水・土・日曜の11〜17時には館内で蚤の市が開催される。6〜9月は毎週末に屋外で開催

Amsterdam

アムステルダムへはパリからエールフランスで1時間。空港から鉄道で約20分でアムステルダム中央駅へ。そこからトラム5番線でプリンセングラハトPrinsengrachtか17番線マルニックスストラートMarnixstraatで下車し、徒歩5分で着く

1
2

1.ショーウインドーの商品が見たいときは、「INFO」のベルを押すと係員が飛んで来てくれる／2.旅のおみやげ品として作られたインレイ細工のペーパーナイフ。奥はフランス・カンヌ製40€、手前はイタリア製65€

海外の文化を採り入れて独自の発想で風土と融合させてきたオランダは、今、古道具をアップサイクルするという斬新なアイデアでデザインの檜舞台に踊り出ようとしています。重厚なデルフト焼きの白磁に色鮮やかな釉（うわぐすり）をかけて息を吹き返らせたテーブルウエアや、廃材をお洒落に蘇らせた木工家具。インテリアの世界的祭典「ミラノ・サローネ」では、こうしたダッチデザインが大きく取り上げられ、飽和状態になりつつある世界のインテリアシーンに刺激を与えているのだそうです。

アンティーク・セントルム・アムステルダムのまわりには手頃な値段のアンティークショップが集まる

アムステルダムで手頃な値段のお宝を探したければ、70人のディーラーの独立したブースと120のショーケースが並ぶ《アンティーク・セントルム・アムステルダム》に直行するのをお勧めします。ここは2011年に社長が交代し、かつて閑古鳥が鳴いていたのが嘘のように活性化されたアンティーク・アーケードで、定期的に蚤の市も開催されます。館内は大変見やすく整頓され、お洒落なカフェもオープンし、流行に敏感な若い世代のコレクターが集まる憩いの場所になっています。

1 / 2

1. おかっぱ頭の女の子は、かつての持ち主のポートレートだろうか？　精巧に作られたシルバーのネックレス75€／2. オペラグラスは19世紀の淑女の代表的なアクセサリーだった。ドイツ製陶器のオペラグラス145€

1 | 2 | 3

1.花の国だけあって水栽培用ガラス器の種類は豊富。左からユーゴスラビアのウラングラス100€、イタリア製64€、60年代アメリカ製40€、50年代イギリス製25€、1910年ボヘミア製55€／2.クロッカス栽培用ガラス器は珍しいコレクターズアイテム．3.存在感のあるレース編みのような透かし模様が美しいシルバーのサーバー。150€

このアーケードでは、カラフルで気分が高揚する1920～30年代のアール・デコの時代のアンティークが幅広く揃います。他の国では見かけないポップなデザインの陶器のクッキーボックス、また、ひと工夫すれば個性溢れるアクセサリーになりそうなボタンやベルト・バックル類は、北国でありながら朗らかで日常にスマイルを絶やさないオランダ人気質に合った楽しいものばかりです。

また、オランダのシルバーウエアは銀の含有率が833と934のものがあって、スターリング・シルバーでも手に取りやすい価格が魅力。「オランダと言えばニシン」とも語られる自慢のニシンの酢漬け用サーバーや、小型のフォークなどにも意匠の凝らされたものが豊富です。

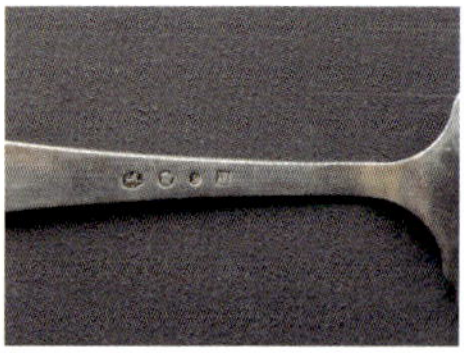

1 / 2

1.ニシンの酢漬け用サーバー。左はネプチューンの矛のような形が個性的55€。中央95€、右65€／2.銀製品にはライオンの刻印が義務づけられている。アルファベットと都市マークで作られた年代と工房の場所がわかる

田舎町のテキスタイル・マーケットで乙女心復活！

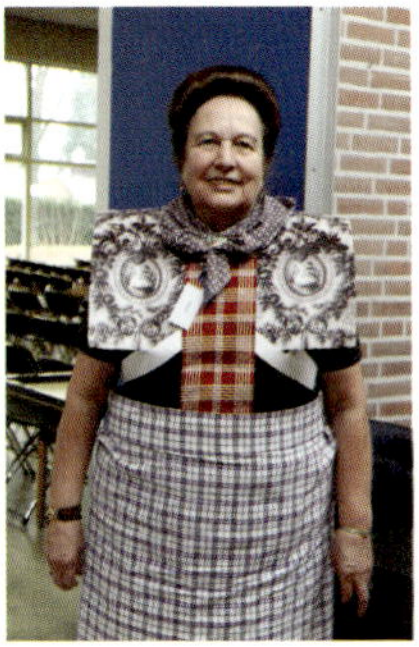

1. 普段見ることのできない民族衣装に触れることもできる／2. 花柄＆チェックのコーディネートがお洒落なオランダ西部の民族衣装。肩まで張り出した大きな襟は厚紙製／3. かつて高貴な位の女性たちは外出時に手袋を欠かさなかった。1850年に流行したミテーヌ。左35€、右30€／4. 思い思いの針刺し。ブルーはヨーロッパ漆製35€、マザーオブパール製37.50€、1930年頃の色鮮やかなベークライトの針入れ30€

子供の頃、誰でも一度は読んで聴かされたことのある名作絵本「うさこちゃん（ミッフィー）」。そのふるさとであるユトレヒト駅を経由して、アムステルダムから約1時間15分で到着するのがマールンです。毎年3月の第1土曜日、のどかなこの田舎町でオランダ・コスチューム・ソサエティーが主催するアンティーク・マーケットが開催されます。

1日限定のこの市には、オランダはもとより近隣各国のデザイナーや学芸員などファッションのプロが、珍しいテキスタイルや手芸用品をお目当てにやってきます。オランダを代表するファッションデザイナー「ヴィクター＆ロルフ」も、デビュー当時はこのマーケットをインスピレーションソースにしていたという噂。販売するのは、地方都市に暮らし、日頃から独特な民族衣装を身につけている“おばちゃま”たち。思わず耳を疑うような安価のついたカワイイ手芸用品に、忘れかけていた乙女心が刺激されまくること請け合いです。

民族衣装に用いられる生地は、各地方の個性が反映されている。現在は化学染料だが、かつてはすべて優しい色合いの草木染めだった。草木染めのハギレ7.50€や、それを用いてクラフトされたバッグなども手に入る。20€

1
2 | 3 | 4

1.アーケード内のカフェは夜もオープンしていて、パンケーキやサラダなど、美味しい軽食が楽しめる／2.C II のブースでは、シンプルでキュートなキッチン用品が見つかる。オーナーが手にもつのは、蝋燭を入れて使うポットウォーマー／3.デルフト窯の豆皿。6枚100€／4.シャープなストライプが魅力のブレッドボックス200€

1.脚はセクシーさのシンボル。秘めた思いを打ち明けるために男性から女性に靴型のピンクッションを贈った／2.微小のガラスを埋め込みローマの遺跡や花、動物の図柄を描いたマイクロモザイクや七宝のアクセサリーパーツ。17.50〜60€

1 | 2

バッグの魅力に時を忘れるミュージアム。

バッグは「どんな不況に見舞われても売れ行きが鈍らない」とまことしやかに語られる、女性にとって魅惑のお洒落アイテム。日用品でありながら、女性の歴史と工業の発展を反映したアート作品です。そんなバッグにこだわるミュージアムがアムステルダムの中心にあります。

この美術館の歴史は、もともとアンティーク・シルバーのディーラーだったヘンドリキェ・アイヴォさんが19世紀の鼈甲のバッグに惚れ込んだことに始まります。ここは彼女の30年以上にわたるコレクションと世界じゅうのコレクターからの寄贈によって誕生したミュージアムで、4万点ものバッグが素材別・年代別に並び、その歴史と変遷がわかりやすく展示されています。18世紀に愛を告白するために使われた「ラヴ・バッグ」や、映画『エビータ』でマドンナ扮する主人公が提げていたバッグなど、時代を代表するバックの数々に、時間を忘れて見入ってしまいます。

17世紀の豪奢な館を改築した美術館。ミュージアムショップも充実している

17世紀の元市長の邸宅を美術館に改造した館内には、豪華なフレスコ画やアール・デコ風の装飾が美しいティールーム、お洒落なトイレまであって、何時間いても飽きることがありません。

1 2 3

1.マドンナが映画「エビータ」で持ったバッグ／2.内装は2人のオランダ人デコレーターによるもの。バッグが宙を飛んでいたりバッグ型にくりぬかれたショーウインドー越しに展示物を見たり、夢のある空間に演出されている／3.ナポレオンが君臨してた時代の淑女のバッグは、何も入らないほど小さく宝石のよう

この町生まれの建築家、G.ヴァザーリの設計による美しい回廊、パラッツォ・デル・ロッジ。回廊内のスタンドには、上質なアンティークが揃っている

イタリア｜トスカーナ地方

アレッツォ

フィレンツェからさらに足をのばして……
小さな田舎町のマーケットは、
イタリア最古にして最大規模！

温暖な気候とすれ違う人々の笑顔が、年間を通して、訪れる者を優しく迎え入れてくれるイタリア、トスカーナ地方。その“へそ”とも言えるのが、ピッティ宮殿やドゥオーモなどの観光名所が溢れる古都フィレンツェです。そこから南東に81キロ。フィレンツェ駅から1時間に3本あるローマ行き鈍行列車に乗ると約1時間15分。車窓を緑に覆い尽くすオリーブや葡萄の木々を眺めるのに飽きた頃、「AREZZO」と素っ気ない看板が掲げられた小さな駅に到着するのです。

「テンピ・モデルニ」で見つけた斬新なデザインのリキュールセットには、アーモンド風味のアマレットが合いそう。450€

普段着のイタリアに触れることができるアレッツォの町

Arezzo

フィレンツェ空港から中央駅サンタ・マリア・ノッヴェッラSanta Maria Novellaまでバスで約40分。アレッツォへはそこからローマ行きの電車かレンタカーで。出店500スタンド。宿泊は4つ星の「ホテル・コンチネンタル」や「グラツィラ・パティオ・ホテル」がお勧め

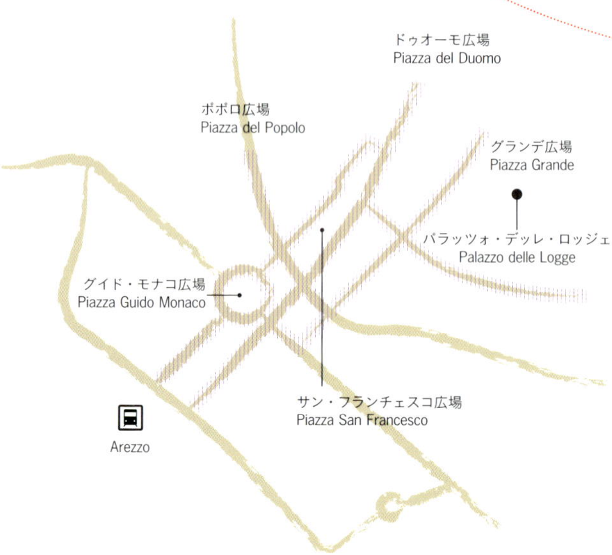

毎月イタリア北部からやってくるディーラー。南部の業者はふっかけてくることが多いので注意

一見すると取るに足らない小さな田舎町。しかし、この町は、フィレンツェと同時代、ウールと香辛料で財を成したバッチ家の庇護のもとルネサンス・アートが花開いた土地です。華やかかりし当時の様子は、聖フランチェスコ教会の美しいフレスコ画や、建築家のジョルジオ・ヴァザーリが造った「パラッツォ・デッレ・ロッジェ」に残っています。そしてまた、毎月1週目の土・日にイタリア最古かつ最大の規模を誇るアンティーク・マーケットが開催されることでも有名な町なのです。

純銀製の口金のバッグは1900年頃のもの。とも布の財布や手鏡が着いているのが心憎い。55€

2	1
3	4

1. 18世紀末の宗教行列に用いられたという木製の人形。慈愛に満ちた面持ちが非常に魅力的。2000€。1800年頃の雰囲気のある鏡は200€／2. アール・デコ時代のメタルのメッシュバッグはアメリカの有名ブランドWhiting&Davis社のもの。破れていないか確かめて購入したい。190€／3. マイクロモザイクの襟ボタン。左290€、右180€／4. かつて帽子は紳士淑女の必需品だった。昨今は珍しい帽子型各70€

1.グイド・モナコ広場から坂を上って左手。マーケットの入口付近にある陶磁器のスタンドでは、いつも珍しい陶器が見つかる。プーリア地方でドライトマトを作るときに使ったという皿。各80€／2.1800年末の木目の美しい鏡台80€。小ぶりで置き場所を選ばない／3.大きな畝の彫刻が個性的な額縁100€。ガラスを入れて鏡にしても素敵

かつておみやげ物だったのだろう。窓越しから見たジェノヴァの海を描いた時計60€

アレッツォの屋外マーケットのまわり方は、いたって簡単。駅に到着したら、北に向かってなだらかな坂を上っていきましょう。5分もしないうちに、美しいアンティークの版画や陶磁器を専門にするスタンドが現れはじめます。そのまま目抜き通りを北へ北へと進むと、丘の上のドゥオーモ広場に辿り着きます。その道すがら、そして東の時計台のある公園に至る小道まで、町じゅうにたくさんのスタンドが立っています。その数およそ500店！

インテリア小物やコスチュームジュエリーなど旅行者にうれしい小物を扱う店が多いのがこのマーケットの特徴ですが、そこはおおらかなイタリア人。商品の並べ方はかなり乱雑です。とはいえ、そんななかからお気に入りの品を見つけるのが、アンティーク散策の醍醐味でもあるのです。

グイド・モナコ通りの坂の途中には版画を専門に扱うスタンドがある。1776年に描かれた星座の絵の版画 120〜150€

モードの歴史に触れる、高級ブランドのミュージアム。

フィレンツェの中心、アルノ川にかかる聖トリニタ橋のたもとに、イタリアを代表する高級シューズブランド「サルヴァトーレ・フェラガモ」のショップ兼博物館があります。ここには、解剖学的研究によって編み出され、製靴技術を劇的に変革した1920〜70年代の「フェラガモ方式」の靴とそのデザイン画が展示されています。ハリウッドやパリをはじめ世界の女性の憧れだったフェラガモ。マリリン・モンローやオードリー・ヘップバーンも愛した斬新な靴の数々は、このブランドがファッションの流行にも影響を及ぼしてきたことを如実に物語ります。

もうひとつ。2011年9月にシニョリーア広場にオープンしたのがファッションブランド「グッチ」のカフェテリア兼博物館です。「旅」「花」「夜」といったグッチの永遠のテーマと、ブランドの顔でもあるロゴを配したバッグや日常品からは、60年代に誕生し飛ぶ鳥を落とす勢いだったブランドのフィロソフィーが感じ取れます。ここでしか手に入らないミュージアムグッズはお洒落な友人へのおみやげにも最適。建物は、普段立ち入ることのできないルネサンス期の貴族のプライベートの館を改装したもので、その重厚な雰囲気も同時に味わうことができます。

アレッツォのアンティーク・マーケットに合わせて訪れれば、イタリアン・モードの歴史を知る、またとない機会になることでしょう。

グランデ広場に面した「テンピ・モデルニ」。美しい曲線を描く天井はルネサンス時代の名残り

ローマにも店をもつジュエラーのカスペローニ夫妻は、この道30年のベテラン。1830年頃の地中海の血赤珊瑚のインパクトのあるイヤリング。細かなハンマリングワークがとても美しい。1300€

すこぶる贅沢なイタリア各地の民族ジュエリーや繊細な手工芸のレースをご所望なら、町の中心にあたるグランデ広場に面した回廊「パラッツォ・デッレ・ロッジェ」に直行しましょう。値は張りますが、またとない上質のアンティークに出合えるチャンスがあります。また、この広場に面した常設店も見逃せません。なかでもアール・デコの専門店「テンピ・モデルニ」には、イタリアを代表するインダストリアル・デザイナー、ジオ・ポンティの陶器やスタイリッシュなインテリア製品が溢れていて、ついつい長居をしがちです。

1
2

1. 旅行先でチャームを記念に購入し、ひとつひとつブレスレットに付けていくのがかつて流行した。18金バルロックブレスレットは50年代のイタリア製600€／2. デザイナー、トルファリのコスチュームジュエリー130€

急ぎ足でまわったらわずか1時間ほどの道すじに、わくわくするようなお宝が眠っているアレッツォの市。ショッピングや美術館めぐりを諦めて、わざわざフィレンツェから訪れたとしても、決して後悔することはありません。そして、町はずれのバールや路地裏のトラットリアで味わうトスカーナ料理も素晴らしい“舌の想い出”を約束してくれます。

1.前ページのカスペローニ夫妻のショップはサン・フランチェスコ広場のアーケード内にある。カードも使用可能で高額商品も安心して買物できる。存在感のある40年代のアクアマリンの指輪は2500€／2.淡いピンクが、天使の肌と呼ばれて珍重された1920年のカメオブローチ900€／3.夏のお出かけが楽しくなりそうな日傘35€

ルネサンス時代の建物に囲まれたグランデ広場。小型家具やシャンデリア、また、アート性の高いオブジェなどが見つかる

AIRFRANCE

もっと便利になったエールフランスで、快適なマーケットめぐりを

パリを基点にヨーロッパ各地のアンティーク・マーケットをめぐるには、列車旅も乙ですが、やはり飛行機利用が便利で快適。なかでも、機上でもフランス気分が味わえるエールフランス航空がお勧めです。

「トラディション」

「LENôTREセレクション」

ますます便利に快適になった
エールフランスで、
夢のお宝を探すヨーロッパの旅に
出かけましょう。

2013年春に誕生したエールフランスグループの新しい中短距離路線エアライン「HOP!（オップ！）」なら、パリを経由せずとも、地方都市からヨーロッパ各地に移動が可能になりました。フランス語で、「それ！」「そら！」といったかけ声を意味する「HOP!」では、ヨーロッパの136の都市を日に530便のフライトが結んでいるうえ、片道55€～というリーズナブルな料金が魅力。「ちょっと足をのばして……」の旅もぐっと身近なものになりました。

さらに、グルメの国のエアラインならでは、旅の最後まで美味しいフランス料理に舌鼓を打てることが確約されています。パリ発の長距離路線では通常の機内食メニューに加えて、「アラカルトミール」を選ぶことができるのです（プレミアムエコノミーとエコノミークラス限定。出発24時間前までに要予約）。フォアグラのテリーヌなど正統派フランス料理が味わえる「トラディション」、フランス国家認定の最優秀職人賞受賞者が手がける「LENôTREセレクション」など、味だけでなくプレゼンテーションも想像を上回る5種類の特別メニューは12€から29€で用意されています。旅のしめくくりとして味わえば、想い出も格段リッチなものになるはず（好評につき、今後は日本発便にも導入される可能性もあるとか）。

＊詳細とお問い合わせは　www.airfrance.co.jp まで

Part 2

街並みも愉しむ

情緒あるアンティーク街散策

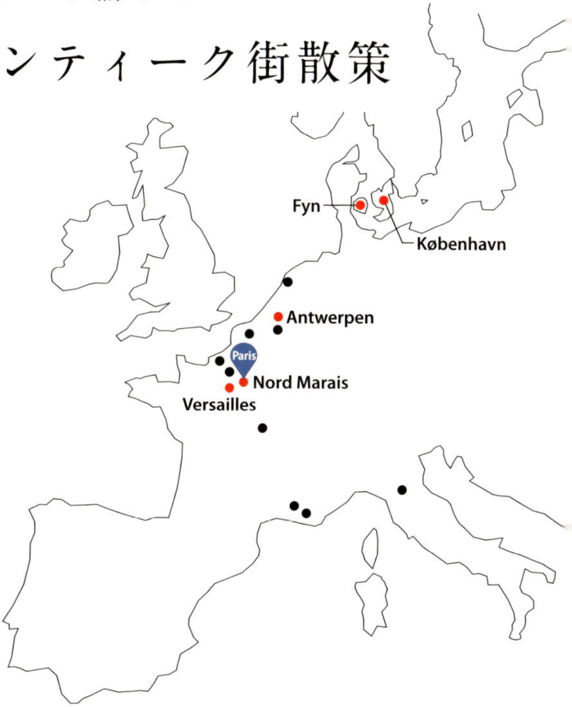

「メルシー」のあるボーマルシェ通りからチュレンヌ通りに抜ける小道にある「Studio W」。ファッショナブルなウインドーディスプレーがひと際目立つ

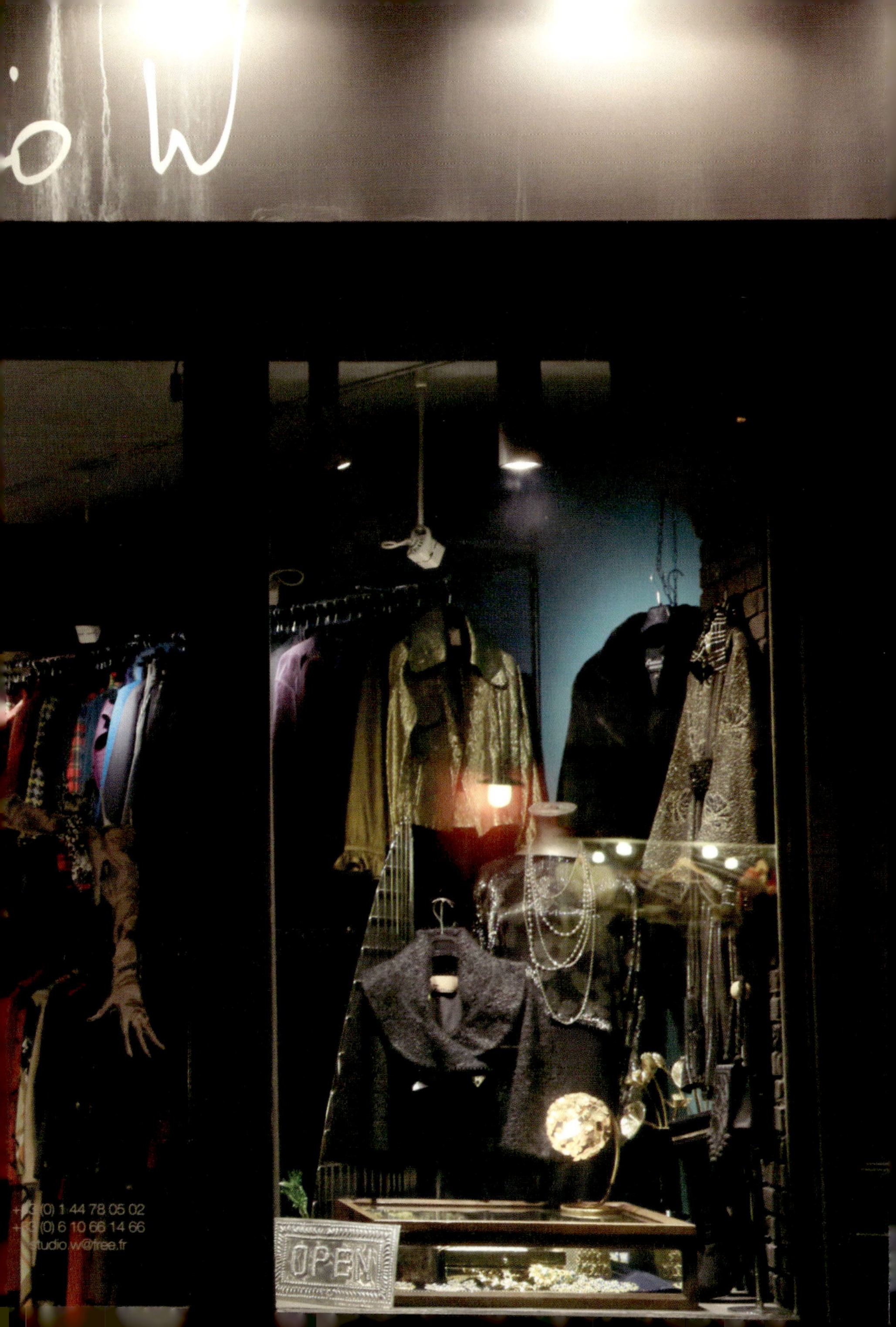

+33 (0) 1 44 78 05 02
+33 (0) 6 10 66 14 66
studio.w@free.fr

フランス

パリ・北マレ界隈

パリでいちばんお洒落な街の、最新アンティークショップ。

パリ右岸、オーベルカンフから北マレ界隈は、かつては普通の商店が並ぶ庶民の街でした。その様子が一変したのは、インターネットの発達とともにパリジャンの暮らしや食生活が一変した10年ほど前のこと。自宅で仕事をするパリジャンがコーヒーを飲んだり食事をしたりと、日に何度も通う居心地のよいカフェが続々オープンし、それに伴って新進デザイナーのブティックやアートギャラリーが軒を連ねるようになりました。

最近では、パリのネオ・ビストロブームの火付け役となった「シャトーブリアン」やその系列店も加わり、パリの新たな食文化の中心地になりつつある北マレ界隈。それに加えて、日本人も大好きなパリの流行の発信地、多目的セレクトショップ「メルシー」が大ブレイクしたことで、今や国籍を問わず老若男女が集まる観光スポットに昇格したのです。

1 STUDIO W

70年代に一世を風靡したクロード・フランソワやABBAのファッション、また、80年代のNYのクラブシーンを彷彿させるポップで創造性に溢れたブランドのドレスやテンションが上がるアクセサリーが集められている

2
3
4
1
5

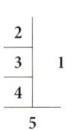

1.元々スタイリッシュで美しいものを愛するウイリアム・モリセさん。ヴィンテージのデザイン家具から、ファッションのディーラーに転身したのは今から2年前のこと。彼のセンスをコーディネートの参考にしようと、店にはモード界のセレブたちが集まる／2.ストラスが美しい70年代ディオールのイヤリングとブローチセット350€／3.70年代「コスモス」シリーズのイヤリング160€／4.ディン・ヴァンのクロム加工の時計750€／5.ブラウスはYSL、ネックレスは60年代のアメリカ製。バッグ左と上は各180€、下140€

女性の夢をかき立てる、ロマンティックなランジェリー&ナイティー。刺激的なディスプレーに思わず足が止まる

2
SPIRIT OF VINTAGE

そんなお洒落なこの町には、センス抜群なオーナーが商品をコーディネートし、斬新なアイデアで店内を飾り付けた、ヴィンテージドレスとアクセサリーのブティックが点在します。パリでも珍しいランジェリー＆ナイトウェア専門店「スピリット・オブ・ヴィンテージ」には、グレース・ケリーやマリリン・モンローがハリウッド映画のワンシーンで身に着けていたような、ロマンティックでセクシーな一着が揃います。ランジェリーは、一度も使用されていないデッドストックなので、安心して手に取ることができます。

学生時代に通っていたモード学校で19世紀のコルセットの話を聴き、すっかりその世界に魅了されてしまったジスレーヌさん。現在所有するアンティーク下着類のコレクションは5000点！

フランス人は見えないところに気を遣い常に女性らしくありたいと思っている。想像が膨らむ美しい下着の数々

TVドラマのなかで着用するナイトガウンを選びに来ていた常連の女優さん。1930年代のクレープ素材のガウン290€

裾のレース飾りがノスタルジック。50年代のナイロンは今のものより重量感があり洗濯しても型くずれしない。190€

1.仕切りまである純銀メッシュのコインケース。100€前後。ネックレスチャームにしても可愛い／2.小柄なオーナー、クリスティーヌさんの選ぶジュエリーは、小さいながらもきらりとセンスの光るものが多い。ダイヤ飾りがチャーミングなカメオリング480€／3.左からプティポワン（刺繍）バッグ330€、手に持った感触が気持ちのよいビーズバッグ120€、19世紀のタピストリーバッグ95€

1 | 2
1 | 3

3
CHRYSOLITE

ジュエリーの専門家、クリスティーヌさんの審美眼にかなった、魅力溢れるジュエリーとバッグが見つかる

また、有名な《ヴィラージュ・サンポール》に隣接したサン・ポール通りには、アンティークジュエリーとバッグを扱う「クリゾリット」があります。日本人の趣味に合う、19世紀後半のベル・エポック時代から1930年代のアール・デコ時代の品々は、あれこれ目移りするものばかり。人気のアンティークレース・ショップ「オ・フィル・デリーズ」も忘れずに覗きましょう。乙女心をくすぐる宝物が必ず見つかるはずです。

4
AU FILS D'ELISE

エリーズさんのお洒落な感性は日本人をはじめ、世界中のファンを魅了し続け、今ではパリでも有数のアンティーク・レースショップへと成長した

レース好きが高じて、とうとう、25年以上この場所にあったアンティークのレースショップを買い取ってしまったというエリーズさん

洗濯を済ませてきれいにアイロンをかけたレースやチュールがほとんどで、アイデア次第で如何様にも楽しめる

1	3
2	4

1. 存在感のあるつけ襟は1930年代のもの。120€／2. 結婚式用の白チュールは、黒いものより珍しく数が少ない。195€／3. 50年代のスパンコールのミニドレス150€。ロングネックレスを合わせてフラッパーを気取って／4. 1900〜20年の襟は25〜110€。上からリシュリューと呼ばれる透かし模様刺繍、かぎ針で編むクロッシェレース、ボビン技法のレースの襟。かつては修道女たちがこのような美しい襟を編み、教会の修繕費にあてていたそう

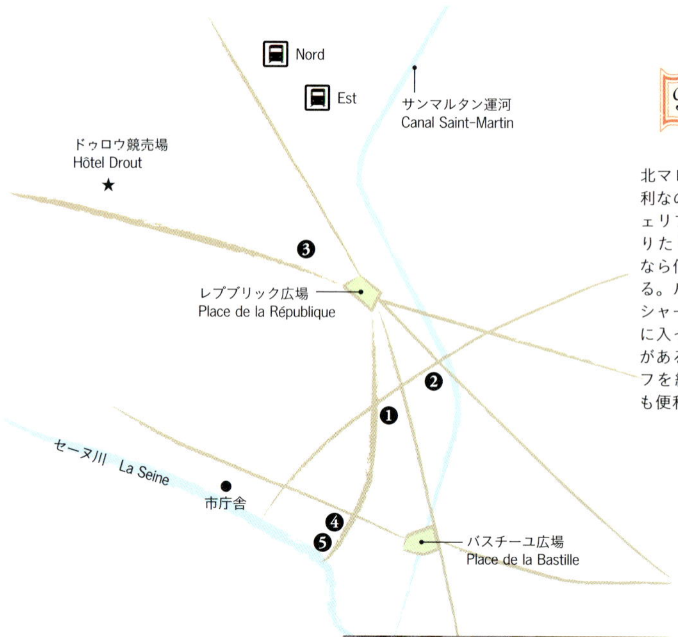

Nord Marais

北マレ地区を散策するのに便利なのがレンタサイクル「ヴェリブ」。一旦登録すれば借りたり戻したり、30分以内なら何度でも無料で利用できる。ルプブリック広場からリシャール・ルノワール大通りに入ってすぐにもパーキングがある。マレとオーベルカンフを結んでいる96番のバスも便利。

5

THANX GOD I'M A V.I.P

少女時代からヴィンテージ・フリークだったオーナーのシルビーさん。一旦はイベント関係の仕事についたもののファッションへの興味は尽きず、DJのご主人まで巻き込んで、9年前に店をオープンした

1	2	
3	4	5

1. 世界中のファッション媒体の関係者が絶え間なく訪れ続ける人気店。有名ブランドのヴィンテージがほとんどだが、無名のものでもウールやシルク100％といった高級素材のものばかりを取り扱っている／**2.** ジオメトリックな模様がお洒落な夏用コート260€／**3.** イタリアで見つけたという、70年代のバーバリーのデッドストックコート600€／**4.** スタイリッシュな帽子も数多く揃っている／**5.** 無地、チェック、プリント等、ヴィンテージクロスを用いたオリジナルの着け襟。日常着がたちまちモードに変身。40€

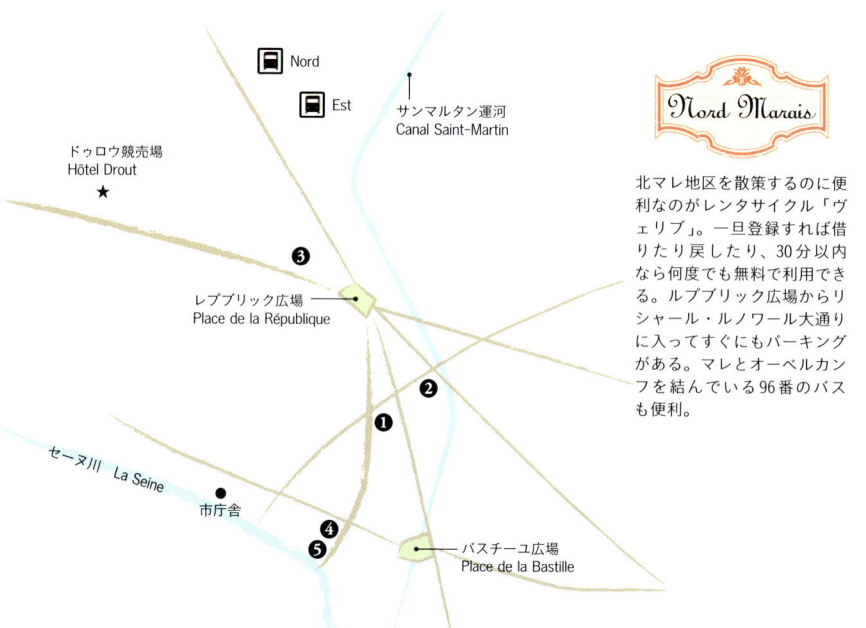

掘り出し物を見つけに、競売場に行こう！

オペラ座の裏手、パリ証券取引所からもほど近い場所に、フランスを代表するオークションハウス「ドゥロウ」があります。ここでは、マリー・アントワネットが1783年に注文したセーヴル窯の食器セットから、モネやピカソといった巨匠たちの絵画、また、エルメスのバッグからスターの遺品まで、ありとあらゆる品物が競りにかけられ、集まる人々を興奮の渦に巻き込んでいます。

地下1階、地上2階の建物内には16の部屋があり、2階では通常ミュージアムの代理人やコレクターが多く集まる高額商品が扱われています。一方、地下では陶器から本まで様々なものが一緒くたに入った「マネット」と呼ばれるバスケットや、ヴィンテージドレスなどのオークションが開催されます。どちらもそれなりに楽しいですが、期待度が高いのは、むしろ地下。20世紀のフランスを代表するマルチアーティスト、ジャン・コクトーのリトグラフが古本に混じって落札されたり、1シーズン前のシャネルのスーツが元値の10分の1の値段で評価されたりと、意外な掘り出し物に出合えるのです。

ドゥロウは、一部のお金持ちやプロのための場所ではありません。オークションの前日と当日午前中に開催される内覧会では、エリザベス・テイラー顔負けの大きなダイヤの指輪をはめた普段着のマダムや、由緒正しい紋章入りのカップを裏返して熱心に刻印を調べるアンティーク学校の学生の姿も見られます。その様子は、まるで日々演目が変わる劇場のよう。まずは観客席で熱く沸き立つオークションの様子を観察し、度胸がついたら、その瞬間から舞台に躍り出ましょう。初心者は雰囲気に呑まれがちなので、上限だけは定めておくように。それさえ注意すれば、ドゥロウは、好きなときに登場し、好きなときに幕を閉じることのできる、オークションという絶好の舞台なのです。

フランス

ヴェルサイユ

歴史の香り漂う城下町へ、
とっておきのお宝を探しに。

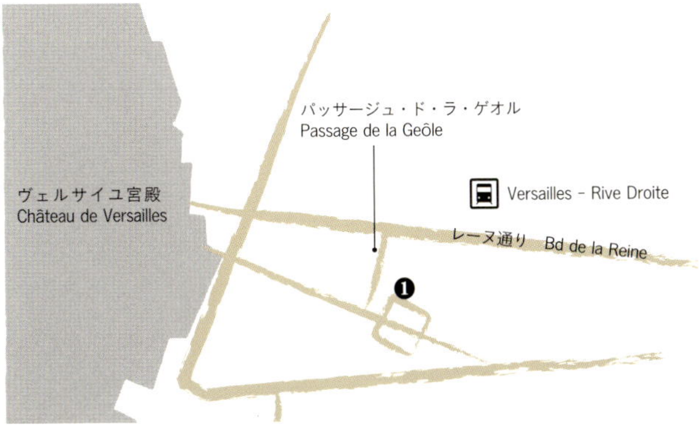

Versailles

パリからヴェルサイユまでは国鉄SNCFで約30分。そこからアンティーク街までは徒歩5分。パッサージュ・ド・ラ・ゲオルのほとんどのショップは金曜から日曜と祝日の10時半から19時までオープンする。なかには木曜日の午後営業する店も。アンティーク街から宮殿までは徒歩で10分ほど

かつて国王や領主が住んでいた城下町には、今でもその子孫が住居を構え、お宝アンティークが眠っているものです。太陽王ルイ14世やマリー・アントワネットが芸術的な人生を謳歌したヴェルサイユ宮殿があるこの町にも、今なお豪奢で華麗なアンティークを販売するアンティーク街が存在し、観光客の目を楽しませてくれます。

パリからヴェルサイユまでは郊外鉄道RERでも行けますが、アンティーク街へのアクセスに便利なのは、パリのサン・ラザール駅から国鉄SNCFで終着駅ヴェルサイユ・リヴ・ドロワまで行く方法。駅から徒歩5分で、300年前から庶民の暮らしを支え続けるマルシェ（市場）のあるマルシェ・ノートルダム広場に到着します。

1

REMI DUBOIS

家具修復家でもあるデュボアさん。彼の審美眼で集められたビブロ（小物）には、きらりとセンスの光る物が多い。下のヤドリギ柄のシルバーピルケースは40€

1	2	3

1. 普段は畳んだ状態なのが、ボタンひとつで眼鏡になるオペラ鑑賞用の「ロンギーユ」。レンズを入れてレストランでメニューを見る時の老眼鏡として用いたい。70€／2. 1850年頃のバターケース60€とリキュールボトル40€／3. 透かし模様が美しいマホガニーの楽譜入れ680€

1 | 2

1. 赤ちゃんの誕生祝いに贈る19世紀の純銀のカップ。左から110€、130€、80€／2. デザインがとても素敵な貴重なラリックの花瓶。残念ながらヒビが入っているので装飾用として。220€

市場に面したアンティーク街には、塀で囲われた一角に10軒ほどのショップが軒を連ねる「ヴィラージュ（村）」や、約60軒のアンティークショップが入る「パサージュ」という屋内アーケードがあります。規模としては小さいですが、じっくり見ると案外素敵なものが眠っているのが、このアンティーク街の特徴。一見すると旅行者には手の届かない豪華な家具店でも、ショーケースに入れて飾りたくなるような小物を発掘できます。

ヴェルサイユ宮殿を訪れた際には、臆することなくアンティークショップの扉を叩いてみることをお勧めします。

インクとインクを乾かすための砂を入れ、金属の部分にペンを置いて使う19世紀前半「アンクリエ」と呼ばれる羽根ペン用のインク壺。パリ窯製60€

ベルギー

アントワープ

遊び心がくすぐられる、
ポップなアンティーク・ストリート。

フランドル絵画の巨匠、ルーベンスの町として有名なアントワープは、日本人には、名作アニメ「フランダースの犬」の舞台として親しまれています。この町は15世紀末から、ダイヤモンドの研磨と取引によって栄えてきました。決して派手な観光都市ではありませんが、石畳が敷かれた旧市街には17世紀の豪奢な建物が建ち並び、しっとりした大人のムードが漂う魅力的な町です。

クローステル通りのど真ん中でひと際目を引く大きなショーウインドの店

1 2

1. 人気のシャビーテイストで演出された女性向けバスルームのディスプレー。鏡台は1930年代のベルギー製750€／**2.** 鏡やハンガー、スポンジなどの小物も手に入る。リーズナブルで高品質のリプロダクションも同時に扱う

1 HOT & COLD

20世紀はじめの水回り用品は、現行品より丈夫で優雅なデザインが特徴。世界でも珍しいバスルーム用アンティークの専門店

Antwerpen

パリからアントワープへは高速列車タリスで約2時間。アントワープ中央駅からクロ－ステル通りへは、アストリッド Astrid か ダイアマント Diamant からプレメトロに乗ってグルーンプラーツ Groenplaats で下車して徒歩7分、もしくはタクシーが便利

シルバーの把手とガラスのカットやグラヴュール文様がお洒落な高さ23cm程のリキュール用カラフ。75〜145€

2
BIJ STAF

19世紀後半から20世紀はじめの、
優美なベル・エポック時代の小物が
豊富に揃うと、地元っ子にも人気

1
2

1. 掌に乗る大きさのシルバーのピルケースや女性用の灰皿。5000円以内で購入できるものが各種揃っている／2. シルバーを酸で腐食して黒くする「ニエロ」技法の鉛筆サック。19世紀後半から20世紀はじめに、特に人気があった。各70€

もともとベルギー人は「お腹に煉瓦を持って生まれてくる」とたとえられるくらい、家に対する執着の強い人種です。なかでも長い冬を強いられるアントワープの人々は、歴史のある建物を生かしながら、その内装を現代風に軽やかに、温かみのある雰囲気に飾り付けることに余念がありません。彼らはアンティークを愛していて、特にうまい具合に金箔が剥がれた教会のオブジェ、また、木の温もりが感じられるブロカント（古道具）や1950年以降の「デザイン」と呼ばれるコンテンポラリーな家具を好みます。「素材は超豪華かキッチュかのどちらか。ストイックなデザインのものを選べば、時空を超えて調和する」というのが彼らのポリシー。こうした懐の広さが功を奏して、この町には新旧様々なアンティークが集まってきます。そして、それらを求めて海外からやって来るアンティーク好きも後を絶たないのです。

3 RA

最新のモードを集めたセレクトショップの一角に、お洒落なサングラスやヴィンテージクロスを集めたコーナーが設けられている

1 | 2

1. オブジェのようにディスプレーされたヴィンテージのサングラスがユニーク／2. 店内の所々に、五感を刺激する斬新なアートが飾られている。静かな笑顔の彫刻に思わず見とれてしまう

1 | 2

1.樹脂で造られたサイの頭は、流行のインテリア用品。19世紀の貴族は植民地の北アフリカに狩猟に出かけ、こうした剥製を城に飾っていた／2.素朴な陶器はイタリア製。古いものを現行品と上手に組み合わせ飾っている

4 TEIJINK

インテリアデザイナー、レオナルド・アーヒンクさんのインテリアショップ兼ショールーム

北欧、スペイン、イタリアなどヨーロッパ各地の個性的なアンティークが見つかる

　家のリフォームを考えるアントワープの人々がまず訪れるのが、町の西部スヘルデ川と平行に伸びるクローステル通りのアンティーク街。通りの左右にこだわりのアンティークショップが立ち並びます。ランプや食器類など観光客にも求めやすい商品もありますが、特に目につくのはコレクター垂涎の「デザイン」家具や、バスルーム用アクセサリーなどの什器の専門店です。なかでも注目株は、厳選されたヴィンテージドレスと1930～50年代のスタイリッシュな大型家具をミックスしたアヴァンギャルドなショップ。すぐに購入できるものは少ないかもしれませんが、最新流行のインテリアをキャッチするには必見。一軒一軒ドアをくぐり、その洗練されたコーディネート術を吸収したいものです。

5

MARCY MICHAEL

元モデルのミカエルさんは、1930〜80年代の「デザイン」家具の目利き。ユニークな家具の数々に思わず笑顔がこぼれる店（最近、少し離れた通りに移転）

壁一面に、まるでポップアートのように椅子をディスプレーして販売している。アメリカからわざわざやってくる顧客も後を絶たないのだそう

1 2 | 3

1. イタリアの建築家、ジョー・マチューのグローブチェアに腰掛けるミカエルさん／2. 料理を運ぶのに大活躍しそうなウイリー・ヴァン・デル・メーレンのワゴンテーブル 7500€／3. 1957年に50台しか造られなかった、フィリップ・シャルボノーデザインのテレアヴィアPIII

6

CHRISTIANE DE BOT

この道25年のスペシャリスト、クリステアンヌさんがセレクトした、美しいグラスやカトラリー類が豊富に揃った女性好みのショップ

1 | 2

1.手彫りのグラヴュール装飾が魅力的。とても薄手のグラス6個とカラフがセットで150€。お手頃価格なので、つい、あれこれ目移りしてしまう／2.小さい店ながら、オーナーのセンスが光るエスプリの効いたテーブルウエアが集まっている

7

ADELIN

素晴らしいダイヤモンドが思いがけない値段で手に入るのは、この町だからこそ。石だけでなく、手の込んだ細工がアンティークらしい

1.「ダッチローズカット」と呼ばれる、独特のカッティングのダイヤモンドが美しく煌めく。5ctのダイヤモンドが豪華なネクタイピン。2850€／2.レース編みを思わせる18金細工のペンダントヘッドはベルギー製。850€／3.チャーミングな19世紀の十字架はリボンを通してチョーカーに。850€

1 | 3
2

また、この通りの北にあるセン・ヤンスブリート広場では、毎週日曜日に蚤の市が開催されます。シルバープレートや空き缶、アクセサリーやボタンなど、お手頃価格の小物が販売されるので、この市にあわせてアンティーク・ストリートを訪れるのもお勧めです。

8 TANTE BROCANTE

比較的年代の若い小型家具とアイデア次第で楽しく使えるブロカントが溢れている。数が揃うので、デコレーターなどプロ御用達の店

1 | 2

1.店先に陳列されたキッチュなブロカントに惹き付けられる／2.かつて、大切な時計や置物を飾って置くときに用いられたガラスのカバー。最近、このなかに小動物の骨などを入れて飾るのが流行している。75～95€

今後の参考になりそうな、様々な年代の大型家具が揃っている。日本では考えらない値段に耳を疑う

9 DE POORT

倉庫のようにボリュームのある店内に、家具から小物まであらゆるアンティークが集まっている。店内奥にカフェコーナーも

1 | 2

1.修道女のイラストがチャーミング。ベルギーの「トラピストバター飴」のキャンディーボックス。12€／2.壁一面に飾られたリトグラフやポスターの数に圧倒される。パリの観光ポスター26€

10
INTERNATIONAL 14

500㎡の広々とした空間では、7人のディーラーがセレクトする思い思いのアンティークが見つかる（最近、別の通りに移転）

1
2 | 3

1.スウェーデンの農家で使われていた素朴な家具に19世紀のフランスのランプやベルギーの1900年頃のピューターのビールピッチャーのセット250€などが、趣味よく飾られている。店内は外光も入る空間で、大変居心地がよい／2.18世紀のイタリアの教会のリノベーションで放出された天使の羽根。各600€前後／3.インドネシアの草木染めの銅板60€

クローステル通りでは、店先も大切なディスプレーの空間。ポップなアンティーク・ストリートには遊び心に溢れたオーナーの店が多い

11
46

店内には、デンマークやドイツの家具と現代のアート作品が、山積みにされながら所狭しと陳列されている。オブジェのようなその様子は一見の価値あり

12

BLUE FONZ

19世紀から20世紀初頭のイギリスとアメリカ東海岸の家具を中心に集めている。ダンディーな男性の書斎にぴったりのメンズライクな小物類も豊富に揃う

1

2 3

1. ひと際目を引く大きな本棚は1940年代にハーバード大学の図書館で使われていたものだそう。丹念にアンティーク家具を磨いたときのニスの香りが店内を包み込んでいる／2. サンルームのティーパーティに似合いそうなケーキスタンド220€／3. 1910年頃のブリキの貯金箱はオランダ製28€。白い缶はランチボックス

13

VIAR

美しい女性オーナーが営む、ファッショナブルなヴィンテージドレスと大型デザイン家具のニューショップ。今後の展開に期待が高まる

清潔感溢れるクリーンな印象の店内は、倉庫を思わせるほど広々としている。モード関係者らしい女性の傍らで、素敵な男性が家具を物色する、そんなお洒落なカップルが連れ立って訪れる店。ドレスは女優風の50年代のものから80年代のYSLまで揃っている

毎週日曜日の9～17時にアンティーク通りの交差する緑の木陰に立つ蚤の市。
小さい市だが1000円程度で購入できるブロカントが溢れている

1	2	3

1.昔は洗濯もアイロンがけも主婦にとっては大仕事だったので、襟や袖は付け替え可能だった。皮のボックスに入った着け襟45€／2.30年代の化粧品のパッケージングには夢が溢れてる。10€～／3.ポップなブリキの缶、3個で18€

14

CHRISTEL DAUWE COLLECTION

2000点以上のガラスのクリスマス・オーナメント専門店。英ヴィクトリア時代の天使像など、コレクターズアイテムも揃っている

1	2

1.もともとは2のショップの一角でコレクションのクリスマス・オーナメントを販売していたというクリステルさん／2.主流は、1870年以降のドイツ製のガラスのオーナメント16.50€～。珍しいもので42€ほど

有名アンティーク・ディーラーのコレクションを訪ねる。

アントワープ郊外。かつてこの地の貴族が狩猟を楽しんだ深い森のなかに、アンティーク・ディーラー、アクセル・フォヴォルト氏の12世紀の城があります。彼は、ショールーム兼住居であるこの城を8000ピース以上のアンティークやアートで飾り付け、ビジネスパートナーでもある妻メイと2人の息子、その家族とともに暮らしています。

彼の扱うアンティークは、古代ギリシア時代の彫像からカンボジア・クメールの仏像、また中国・明時代の陶磁器からフランス・オーヴェルニュ地方の古木をくりぬいた花器まで多岐に及びます。また、ひと口に「アート」といっても、それは17世紀のフランドル派を指すこともあれば、日本の信楽焼の現代陶芸家、はたまた「空間主義」の創始者で20世紀イタリアの巨匠フォンタナまで年代も国も千差万別です。しかし、それらの作品はどれも美しい佇まいをしていて、ボリューム感のある城と絶妙な調和を奏でています。そんな彼のセンスにあやかろうと、この城を訪れるセレブリティーは枚挙に暇がありません。

フォボルト氏の美の殿堂は、近くの運河沿いのビール工場跡地に建てられたギャラリー「カナール」で、その一端を垣間見ることができます。年に2回開かれるオープンハウスでは、その年に新たに購入されたアートやアンティークが一堂に展示され、無料のドリンクなども提供されます。

オープンハウスの際には、各部屋が美しいフラワーアレンジで飾られる「カナール」
©Photo: Laziz Hamini

1 | 2

1.時空を超えたアンティークで飾られた書斎／2.南シナ沖で沈没船が上がったとき、自家用ジェットで駆けつけ明朝時代の磁器を買い占めたフォヴォルト氏。彼のキッチンは、後に高額で取引されることになった藍染で飾られている

パリ、マイアミ、マストリッヒと世界のアートフェアを股にかけるアンティーク・ディーラー、アクセル・フォヴォルト氏

デンマーク

コペンハーゲン

2つのアンティーク・ストリートで、
北欧ならではのデザインに出合う。

ドイツと陸続きのユトランド半島と、443の島々からなるデンマークは、最近話題の風力発電の国です。国民はきれい好きで規則正しく、平坦な地の利を生かした自転車を主な交通手段としています。そして、人口密度は日本の約半分！　そのせいか、この国に足を踏み入れたとたんに思考力がアップし、感性が研ぎすまされるのです。

50年代のオーレ・ヴァンシャーの革張りソファー36000Dkr。日本へ送ることも可能。送料を含むと値段は倍になるが、それでもフィン・ユールの家具やポール・ヘニングセンのライトは日本で購入するよりお買い得

1

DANSK MØBEL KUNST

フィン・ユール、アルネ・ヤコブセンなど、スカンジナビア・モダンファニチャーの火付け役ともいえるショップ。現在はパリにも支店がある

2005年に亡くなり値段が高騰中のナナ・ディッツェルのラタンのチェア15000Dkr。時代を経て美しい飴色をしている

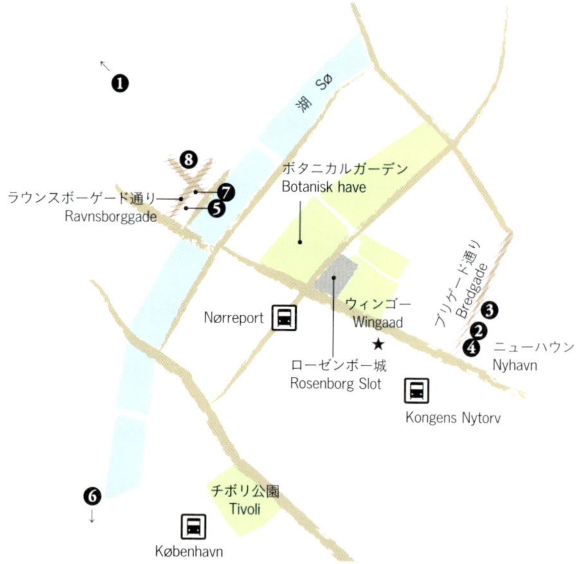

København

コペンハーゲンは地元民に倣って貸し自転車を使うのが便利。コンジェンス・ニートー広場とニューハウンとが交わっているのがブリゲード通り。ラウンスボーゲード通りはそこからゴーテルスゲイト通りを抜け、ドローイング・ルイーズ橋を渡ってすぐ

1.インテリアデザイナーのヴィヴィアンナ・トールンがジョージ・ジェンセン社のためにデザインした時計。ブレスレット感覚で身につけたい／2.60年代の北欧の金工デザイナー、ハンス・ブンデのカトラリー。純銀製73ピース29000Dkr

1
2

2
DANISH SILVER

ジョージ・ジェンセンのマスターピースを中心に、北欧のシルバースミスの名作を集めているショップ。稀少性の高い商品に出合える

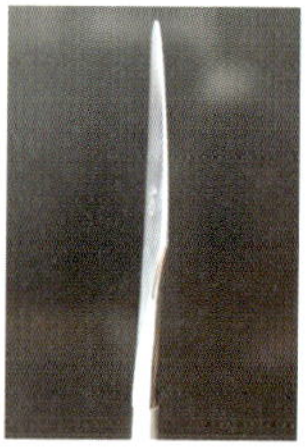

美しいだけでなく、手に持ったときのバランスも絶妙なカトラリー。食事が楽しくなる

シルバーを愛するオーナーが、ひとつひとつの作品に対して、丁寧に商品説明してくれる

3

JØRGEN L.DALGAARD

北欧アール・ヌーヴォー時代の選りすぐりの陶磁器やブロンズのオブジェが見つかる店。オーナーは流暢な日本語を話す

デンマーク最大の島、シェラン島の東に位置する首都コペンハーゲンは、アンデルセンの人魚姫やチボリ公園といったファンタジックな観光名所で知られます。ユトランド半島よりもスウェーデンに近く、少し歩けば海・川・湖に突き当たる水と共存する街。アンティークは、この街のブリゲード通りと西部のラウンスボーゲード通りに集まっています。

かつて船乗りたちの盛り場だったニューハウン地区は、今や美味しい魚介類を食べさせる店や洒落たレストランが軒を並べるコペンハーゲンきってのグルメスポットです。ここから工芸美術館に向かうブリゲード通りこそが、アートギャラリーや老舗オークションハウスなど歴史ある豪奢な建物が並ぶアートの中心地。ちょっとお高いけれど飽きのこない上質のアンティークが揃っています。

1.デンマークをはじめ、スウェーデンやフィンランドのガラス細工が手に入る／2.「実用の美」を唱えた柳宗悦率いる民芸運動と同時代の作品。手前はロイヤルコペンハーゲン社青磁2500Dkr。奥はブロンズ製15000Dkr

1
2

4 MONTAN

ラウンスボーゲード通りからブリゲード通りに「昇格した」、アーティスティックなシルバーとガラス製品の専門店

少し前までのブリゲード通りには、日本でも大流行したミッドセンチュリーのインテリア用品やシルバージュエリーが溢れていましたが、その多くは外国人ディーラーに持ち去られ、残っているものには法外な値段が付けられているのが現状です。今ここで目をひくのは、「デンマーク・アール・ヌーヴォー」と称される植物の有機的なフォルムや色合いをモチーフにした20世紀初頭のストーンウェアやブロンズの花瓶。簡単には手を出せない価格の著名デザイナーの作品もありますが、それ以外なら大人っぽく飽きのこないオブジェとしても楽しめます。また、平凡な出で立ちをファッショナブルに変身させる60〜70年代のインパクトのあるシルバージュエリーは、ミッドセンチュリーの人気デザイナー作品の約半額。ぜひお見逃しなく！

アラン・シャーフ作「私の左手」はホルムガード社とジョージ・ジェンセン社のコラボ作品。各13000Dkr

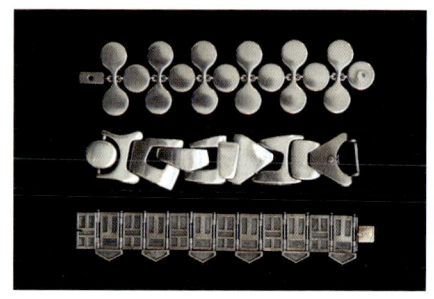

インパクトのあるブレスレット。上からハンス・ハンセン作18000Dkr、ベント・クヌーセン作24000Dkr、オーレ・B・ペテルセン作15000Dkr

重厚なマホガニーの家具とも絶妙に調和する、ハイセンスでモダンな北欧・ミッドセンチュリーのアートオブジェ

5

ANTIK & KUNST

ラウンスボーゲード通りでも有名なガラス専門店。デンマークはもちろん、スウェーデンやボヘミア製の実用的で美しいガラスが手に入る

1
2 3

1. 製造の段階で金を加えると、この美しい赤が生まれる。ボヘミアのルビーガラスは1860〜80年代のもの。左から750Dkr、550Dkr、600Dkr／**2.** 素朴さが魅力のデンマーク王室御用達のホルムガード社のガラス。グラス類だけでなくインテリア用のワインや薬瓶も手に入る／**3.** 左からステムがお洒落な30年代のスウェーデン製150Dkr、グラヴュール彫刻が楽しい1800年のドイツ製850Dkr、ステムの気泡が特徴の1957年のホルムガード製100Dkr

6
ANTIK HALLEN

大きな倉庫にありとあらゆるインテリア製品が所狭しと並ぶ店内。壊れているものを直して商品化しようと訪れる業者の姿も（最近、郊外へ移転）

クジャクが羽根を広げたような姿の椅子はナナ・ディッゼル作。壊れているが修復可能

一方、市内北西部、ボタニカルガーデンからもほど近い場所にあるラウンスボーゲード通りは、手頃な値段の約20のアンティークショップが点在し、デンマークのアンティーク好きが足繁く通う場所。季節ごとにアンティークフェアが開催され、「ブロカント」と呼ばれる古道具のなかに思わぬ掘り出し物が眠っていると評判です。珍しいボーホルム島のストーンウェアのスパイス入れなど、他の国では見つからないキッチン用品のほか、北欧の空を思わせるシルバーブルーや木の葉のグリーン、スノーホワイトなど、この土地の四季を封じ込めたような美しい色合いのガラスも魅力的です。人々はこうしたガラスを蝋燭とともに窓辺に飾り、寒い冬でも道行く人が優しい気持ちになれるような工夫をごく自然にしているのです。

1. 引っ越ししたての若いカップルからコレクターまで、ひっきりなしに人が出入りするショップ／2. お洒落な魔法瓶は50年代のプラスチック製10Dkr。大型家具の影に、こんな小物も隠れているので見逃さないように

1
2

7

INGERSLEV ANTIK

ラウンスボーゲード通りの老舗ショップ。ラベルのような印刷物から本格的なアンティークの家具まで、幅広い品揃えにファンが多い

球根の水栽培用の器はどんどん数が少なくなっている。手前は珍しいクロッカスの球根用の器

1 | 2

1. ミルキーな白に心ときめくガラス類は、意外なことにドイツ製／**2.** 1950年代に大量に作られたホルムガード社のガラスの花瓶は、この有機的なデザインがなんともいえず魅力的。いくつもまとめて飾ると素敵。250Dkr～

デンマークの旗がたなびく黄色い外観が目印。ラウンスボーゲード通りのアンティーク・フェア情報はwww.ravnsborggade.dkでチェック

8

SANKT HANS GADES ANTIK

珍しいデンマークのキッチン雑貨を幅広く取り揃えた店。キッチュでキュートなヴィンテージのバッグやアクセサリーにも出合える

30年代のホーローのキッチンウエアは数も色も豊富に揃っている

1 | 2

1.手前は球根の水栽培用の器。奥はその昔、病院で入院患者に貸し出されたという花瓶／2.「デンマークの南仏」とたとえられるボーホルム島の陶製スパイス入れ。デンマーク語は読めないけれどなんだか可愛い

毎年お気に入りが増える、クリスマス・オーナメントの店。

デンマークの人々のバカンスは7月。彼らにとって長い冬を彩る最も大事なイベント、クリスマスは、バカンスから戻った8月から始まります。思い思いのクリスマスの飾り付けを楽しむ彼らは、アンティークのオーナメントを愛して止みません。地元でも有名なウィンゴーさんのショップには、ドイツやスウェーデンで作られた20世紀初頭のガラスのオーナメントやミニチュア・ツリーが揃っていて、私たちの目を楽しませてくれます。

ちなみに、ラウンスボーゲード通りでも毎年11月第3週の週末にクリスマス・マーケットが開催されます。特にクリスマスプレゼントを意識した小物類が充実するお勧めのマーケットです。

1.1920〜50年代のクリスマスオーナメントはドイツ製／2.オーナーのウィンゴーさん。買い付けのため南フランスまで足をのばす／3.春から夏にかけては、スウェーデンの農家の机や南仏の教会装飾など、北欧風シャビー・テイストのアンティークを扱っている

1 | 2 | 3

文化の香り漂うオーデンセの町。
この町では、アンティークは庶民
の生活の一部として愛されている

デンマーク

フュン島

アンデルセンが生まれた島で、王室御用達の逸品を見つけよう。

初めてデンマークを訪れたのは、日射しがまぶしい初夏のことでした。その際、わたしはこの国の人々が、シルバーウエアをこよなく愛する理由を知る印象的な体験をしました。それは、海沿いのレストランのテラスで、最終日のディナーを楽しんでいた時のことです。その季節の空は夜が更けても明るく真っ青で、そこにぽっかりと浮かんだ満月が食事の間中、私たちを照らしてくれていました。時間は緩やかに流れ、楽しい宴もそろそろ終盤に近づいた、その時。突如、天から蒼い帳がおりてきたかと思うと、空と海の境界線を消し去ってしまったのです。その帳は、群青色、藍色、紺色と刻一刻と色を変え、とうとう見るもの全てを褐色の闇で包み込んでしまいました。この国の銀製品を思わせる美しい光のスペクタクルは今も記憶の底に残っています。

一歩中心街から離れるだけで大自然が広がるフュン島では、プライベートヨットを停泊させるためのハーバーがそこかしこに点在している

Fyn

フュン島の中心都市オーデンセまでは、コペンハーゲンから急行列車で1時間。車なら島の東端のニボーを経由し、約1時間で到着する。そこからさらに西端のミドルファート、南部のスヴェンボーまでは車で約40分。風光明媚な田園風景を眺めながらドライブを楽しみたい

1 HYTTEBALLE ANTIQUITETER

大学時代にアンティークに魅了され、卒業とともに陶磁器専門店をオープンしたM・ヒュットベルさんのショップ。動物や妖精を象った彫塑的な「フィギュア」が豊富に揃う

1.広々とした店内には、「ロイヤルコペンハーゲン」と人気を二分した、1853年創業の「ビング・オー・グレンダール」窯の「フィギュア」や、コペンハーゲン市内では見つけにくくなった、王室御用達のガラスメーカー「ホルムガード」のガラス、また、島の工房で作られたシルバーウエアなど、手頃な値段のアンティークが溢れている／2.60年代のビング・オー・グレンダールの6人用ティー・セット345Dkr

1	2

首都コペンハーゲンから西に1時間。海すれすれに低空飛行するカモメと競い合いながら長く立派な橋を渡ると、デンマーク第3の島、フュン島に到着します。島の中心にあるオーデンセの町は、国を代表する童話作家アンデルセンの生まれ故郷としても知られていて、町外れには彼の生家を改造した資料館もあります。そんな町で見つけたいのは、デンマーク王室御用達のシルバー工房「ジョージ・ジェンセン」のアンティーク。今では見つけるのが至難の業と言われる、創立者ジェンセン氏のマスターピースが、町のアンティークショップにはいくつもあるのです。一目見るだけでも、足を運ばない手はありません。

デンマークのカトラリーはほっこりした装飾が愛らしい。純銀製コンフィチュール用のスプーン。左から265Dkr、145Dkr、165Dkr

1.ポップなビタミンカラーが今の気分にぴったりのオイルランプは50年代のホルムガード社製。750Dkr／2.30〜70年代のライトは500Dkr前後で好みのものが見つかるはず。ホルムガード社のものが人気／3.5〜8cmの掌サイズのフィギュアは、その愛らしい表情に魅せられてついつい手が伸びてしまうアイテム。ビング・オー・グレンダール社製295Dkr。ロイヤル・コペンハーゲン社でも同じようなものを作っているが若干値段が高め／4.夏のランチで重宝しそうなトルコブルーの器。珍しいダンスク社製4個セットで495Dkr

1	2	3
4		

2

DAMGAARD-LAURITSEN ANTIK

裏手にはアンデルセン資料館のある「ダムゴー・ラウリトセン・アンティーク」では、コレクター垂涎のシルバージュエリーが手に入る

1 | 2

1.豪奢な雰囲気が漂う店内には、仲睦まじいディーラー夫婦が探し集めたアンティークの銘品が揃う。ジュエリーから陶器まで、幅広い品添えが魅力。何時間いても飽きない／2.バウハウスを思わせる煉瓦造りの建物が目印

1
2

1.30～60年代に活躍した「ハンス・ハンセン」工房のネックレス4800Dkrとシャープな30年代のブローチ1900Dkr／2.ジョージ・ジェンセンのブレスレット6005Dkr。ブローチは左3900Dkr、右4800Dkr

1 | 3
2 |

1.美しいラインを描くフィンランドのガラス作家、ムオーナ・トイニの花瓶3700Dkr／2.J・アナスン（1884-1943）のピューターの花瓶は、手頃な大きさでどんな花を生けても見栄えがする。2400Dkr／3.左は、デニッシュ・アールヌーヴォーの巨匠、サールト作18000Dkr。右は、スカンジナビアン・モダンの作家、カール・G・ハンセン作1400Dkr

スウェーデンの花瓶に花を飾り、手頃なサイズのグラス150Dkrにワインを注いで乾杯したい

1 | 2

1.Smørはバターの意。かつて各農家で手作りしていたバターやマーガリンの保存用の壺。125〜225Dkr／2.デンマークには、他の国にはない独自の技法のレース編みや刺繍がある。女性が手塩にかけて手作りした19世紀のリネン150Dkr

3 DEN GAMLE KØBMANDSGAARD

フュン島南部の高級リゾート、スヴェンボーからスービーへ抜ける道沿いにある、女性らしい感性で統一されたアンティーク・ショップ

かつて豪農の屋敷だった、自然光の入る気持ちのよい空間が現在アンティーク・ショップとして用いられている

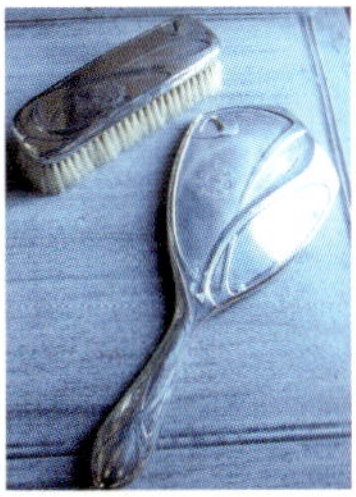

1 | 4
2
3

1.その昔、バイキングが使ったような大きなフォークはウェディング・プレゼントとして用いられた。純銀製1150Dkr／2.北欧アール・ヌーヴォー時代を象徴する手鏡と洋服ブラシはシルバープレート製。セットで450Dkr／3.デザイナー、クリントのシェードがついた30年代のロホルト作のランプ。1850Dkr／4.実用的で手頃な値段のイタリアン・プロカントはお嬢さんがバカンス先で買い付けてくる。ショップでは現金のみ使用可

また、国民の誇りであり、現在でも愛し続けられているのが、1775年から続く王室御用達の高級ブランド「ロイヤルコペンハーゲン」の陶磁器です。特別な祝いの席で用いられることが多かった「ブルー・フルーテッド・フルレース」や、珍しいグリーンやピンクで絵付けされた「ブルー・フラワー」シリーズは、首都から離れた島だからこそ見つけることのできる稀少アイテム。ユトランド半島へ渡る橋のたもとに位置するミドルファートや、南のスヴェンボーなどの町に点在するアンティークショップでは、オーナー夫人の美しいディスプレーとともに、こうした食器類に出合うことができるでしょう。

4

MIDDELFART ANTIKVITETSHANDEL

シルバーの専門家、ヨーン・トゥフナーさんが営むアンティーク・ショップでは、バックヤードで家具の修復に励む奥様の姿も見られる

デンマーク発祥の地、オーフスまで伸びる壮大な橋のたもと、ミドルファートの歴史資料館の隣にショップはある

農家で用いられていた造形的な洗濯板2250Dkrやひげ剃りナイフの箱1820Dkrなど、他では目にすることが少ない民芸品が所狭しと並んでいる

1 | 2

1. この地の貴族がコペンハーゲンやオーデンセのシルバー職人にオーダーした美しい紋章入りのポット。4850Dkr／2. 中国の計量用の升475Dkr。右の女性が一針一針心を込めて刺繍した布は、製作年が1867年と記されている。750Dkr

1 | 2

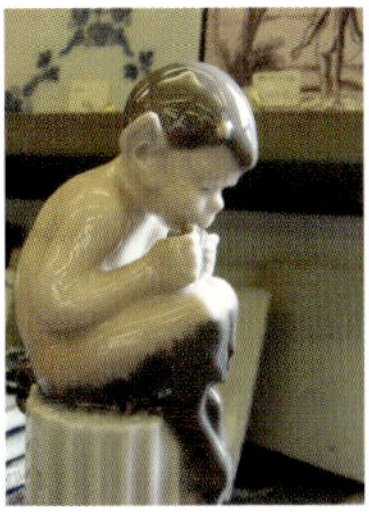

1.丸まった背中がなんとも愛らしい妖精のフィギュアは、人気作家、クリスチャン・トムスン（1860-1921）作。2650Dkr／2.熱心に裁縫に励む女の子のフィギュアはロイヤルコペンハーゲン社製。375Dkr

かつて貴重品だったタバコを収納しておいた鍵のかかる小型家具1500Dkr。手前はロイヤルコペンハーゲン社「ブルー・フルーテッド・ハーフレース」のスープチュリン1285Dkr

1 | 2 | 3 | 4

1.1723年にフュン島の貴族が、ユトランド半島南部のシルバー・スミス、ハンス・バックに依頼して作らせたという、香水を含ませたコットンを収納するための携帯用パルファムケース。純銀に金メッキ製。6700Dkr／2.ガラスの柄のついたサラダサーバーは1900年代のもの。475Dkr／3.色合いが美しい1850年代の手ふきランプ。ホルムガード社製950Dkr／4.広々とした中庭で、1700年代の大時計、オールド・ファーザーを修復中のリジィさん

5
DEN GAMLE SKOLE

トピアリーの庭と19世紀の家具が有名なイーエスコウ城を南下した夏のリゾート、トーシンエ島にある老舗アンティーク・ショップ

デンマークの女性が作り上げたニードルワーク他、オーナーが時間をかけて収集したアンティークは、ひとつひとつ手に取って、じっくり味わってから購入したいものばかり

元小学校を改造したクリストファーセンさんのショップでは、牧歌的なアンティークが手に入ると評判

1. 70年にロイヤルコペンハーゲンと合併するまで230万ピースも製造された、人気の陶器メーカー「アルミニア」の1920年のポット／2. 牧歌的なガラスはドイツ製。エナメル細工のクリームポットは1870年のもの。850Dkr

1
2

1 3
2

1. 本物の銀糸や金糸で刺繍された稀少性の高い帽子は1500年代のもの。3000Dkr。1850年代のバッグ1500Dkr／2. 18金のロケット985Dkrと時計チェーン385Dkr。十字架250Dkr／3. 長く閉ざされた冬の間に丹誠込めて作り上げたニードルワークの数々。手袋入れ125Dkr、レースの敷物100Dkr、エプロン125Dkr

由緒ある古城ホテルで、王族のような優雅なひとときを。

1.堀に囲まれた城のエントランスはディズニー映画に登場しそう／2.森、湖と、日なが一日探索してもしつくせない庭の広さは、なんと600ha！／3.落ち着いた雰囲気のダイニングではフランス料理が楽しめる。宿泊しなくても、予約すればランチだけでも利用可能／4&5.客室のインテリアはイギリス・ヴィクトリア様式に統一されている

1 2 3 4 5

自らの国を「小国」と謙虚に語るデンマークの人々。そのじつ、グリーンランドを含めると国土はヨーロッパ最大となり、デンマーク王室は、現存するものとしてはヨーロッパ最古の伝統を誇る国なのです。

王室や貴族の人々に愛されてきたフュン島には、かつて高貴な人々が暮らしたマノワール（館）やシャトーを改造した歴史的なホテルが点在しています。なかでも南部のスヴェンボーにあるブロホルム城は1641年に建てられてから350年以上、代々同じ侯爵家が所有してきた由緒正しき古城ホテルです。ここでは、中世バロックのオリジナル家具が配された豪奢なインテリアに身を置き、歴史の主人公になったような贅沢な気分が味わえます。暖炉の火が暖かなダイニングでデンマークの伝統料理をいただいたら、この地で作り続けられているブロホルム・アップルの木々や小舟が浮かぶ運河のある広々とした庭を散策するのも一興。

少しばかり余計に時間はかかりますが、オーデンセから美しい田園風景を満喫しながらホテル経由で南のスヴェンボーを目指す旅もお勧めです。

サロンには、東インド貿易によって輸入され、城が建てられた当時に大ブームだった日本の漆家具が置かれている

素敵なあの人の、
アンティークの愉しみ方。

フラワースタイリスト

市村美佳子さん

咲き誇る花の重みに耐えられず、低く首をもたげたチューリップ。ふわふわと羽毛のような花柄を広げたスモークツリー……草花の自然の持ち味を生かし、時に清楚に時に妖艶に、多種多様な花のアレンジを手がける人気フラワースタイリスト、市村美佳子さん。

「若い頃は、カジュアルな印象のジャグにラフに花を生けるのが好きだった」と話す市村さんが花瓶の魅力に目覚めたのは、10年ほど前のこと。京都とヨーロッパのアンティークを扱うアンティーク商、ユキ・パリスさんのショップを訪れた際に、シンプルにカットされたルビー色のボヘミアンガラスの花瓶を購入したのがきっかけでした。初めてその花瓶に花を生けたとき、市村さんは「花を生けるために作られた器」に生けることの心地良さを体感したそうです。

「今は、和皿に洋食を載せたり、何でも自己流に応用するのが流行です。でも、そもそも花瓶は、花を美しく見せるために作られたもの。だからこそ、そこに生けられた花は、どれも凛として潔く、素敵に映えるのです」

花瓶は市村さんが「花瓶」に魅せられたきっかけとなった、30年代のボヘミアングラス。包容力のある器に包み込まれて華麗に花開いたアネモネ

そうして花瓶にこだわって探しはじめると、現行品よりアンティークのものに種類が多いことに気づいたそうです。また、現代の花瓶は深すぎるものが多いなか、彼女が最も使いやすいとお勧めする深さ17〜22cmの花瓶がアンティークに多いのだそうです。

市村さんは、スタジオ兼教室「Velvet Yellow」を主宰しながら、地球に優しいオーガニックフラワーの生産、普及を目指す活動を続けている。著書に『はじめてのフラワーアレンジメント』（雄鶏社）ほか

「私の教室では、好きな花瓶に好きな花を投げ入れするレッスンもありますが、『器が良いとアレンジが上手になった気がする』と生徒さんにも好評です。やはり、時代を経て今に残るアンティークの包容力が、どんなスタイルのフラワーアレンジをも受けいれてくれるおかげなのでしょう」

ヨーロッパのアンティーク・マーケットなどでお気に入りを購入するうち、今では50個以上のアンティークの花瓶が手元に集まってしまったという市村さん。とはいえ、どれもこれも愛着があって、ひとつとして手放す気にはなれないのだそうです。

左端の一輪挿しはオランダ、ユトレヒトで3€でゲットしたもの。南仏、デンマーク、韓国と、国籍も多彩な花瓶コレクションの数々

日本の影響を多大に受けた北欧の20世紀初頭の作家の花瓶（前列右端から3個）は、植物の枝ぶりと色合に絶妙にマッチする

カフェ・オーナー

滝本玲子さん

イニシャル「R」のコレクションが、さりげなく飾られたコーナー。店内のあちこちに、「キラリ」とセンスの光るブロカントが鏤められている

オランダの農民のスカートに「マルニ」のブローチをお洒落にコーディネートする。そんなファッションセンスを盗みにやってくる常連客も多い

東京・西麻布の住宅街の一角に、白い木瓜バラの陰にひっそりと佇むカフェ「R」があります。ここは、長年デザイン事務所を主宰してきた滝本玲子さんが、好きなことを実現する場所として2011年9月にオープンした、こだわりのカフェです。

ゆったりとした時間の流れが昔ながらのパリのカフェを彷彿させる「R」。内装は、「日々使うものだからこそ、好きなものに囲まれていたい」と願う、滝本さんが愛する温もりのあるアンティークやブロカントで彩られています。かつては日本のアンティーク家具店でイギリスのアンティークのシャツケースな

いびつになったアルミ製品に目がない滝本さん。左端は、パリのインドシナ料理店で譲り受けたもの

滝本さんが日々作業するカウンターの奥には、愛着のある古道具の数々が整然と並んでいる。洒落た紅茶のパッケージなども、インテリア・デザインの一部になっている

どを購入していた滝本さんですが、近頃欲しいと思うものはご自身の「適正価格」を大きくオーバーしたものが多いそう。そのためオープンにあたっては、オークションサイトや古道具店などを活用し、有名無名を問わず、審美眼に訴えかける家具を手頃な価格で手に入れました。

大の器好き、アルミのキッチン用品好きの滝本さんは、ヨーロッパ旅行の際は必ずといっていいほどアンティーク・マーケットに足を運び、白磁のオバール皿や使い込まれていびつになったアルミの皿、メーカー名が消えかかった秤など、様々なものを抱えて帰国するそうです。そのため、カフェの至る所には、「シンプルな美しさ」と「えも言われぬ味」のあるアンティークやブロカントが点在し、今なお道具としての実力を発揮しながら生き続けているのです。

お手製のシロップで作るホットジンジャー。自慢のホットドックは、料理雑誌にも掲載されたほど

キルト作家

松浦香苗さん

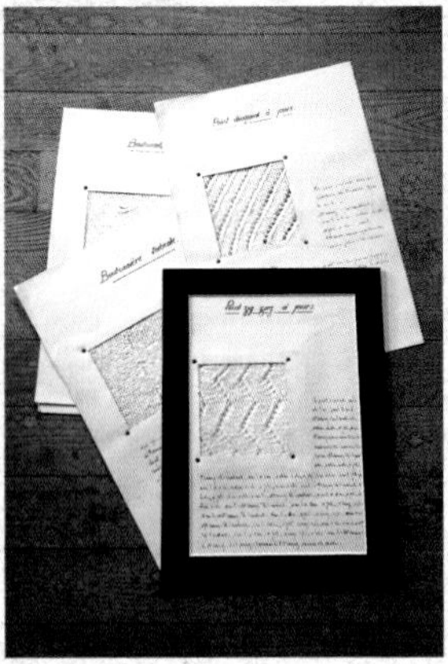

オランダのテキスタイルマーケット見つけたニットの編み地サンプル。こうしたものは、すぐに必要なくとも、資料としてまとめ買いしておくことが大切

テレビや著書を通してパッチワークのテクニックを教えるだけでなく、ヴィンテージ・ファブリックを研究し、戦後アメリカの生活文化を今に伝えるキルト作家、松浦香苗さん。彼女は20年以上も前から年に2度、パリを拠点にヨーロッパ各地のアンティーク・マーケットを巡っています。かつては様々なものに興味がありましたが､近年はメルスリー(手芸用品店）で手に入るボタンやテープなど、手芸パーツにばかり目が行くそうです。

松浦さんが手芸パーツにはまったきっかけは、南仏のアンティーク店で偶然、レースやブレード（縁飾り）がぎっしり詰まった箱を発見したことでした。半端になっても捨て去られることなく大切にしまわれていた、凝った細工の手芸パーツは、女性の手芸に対する愛情を物語っていました。そんな思いをひしひしと感じ、気がつくと、あるだけのストックを買い占めていたそうです。

以来、手仕事の妙が生かされた象牙のベルトバックルや愛らしいくるみボタン、アール・デコ時代のドレスに用いられたタッセルやビーズ刺繍といった、ゴージャスな手芸パーツを手に入れては「アップサイクル」して、ファッショナブルなアクセサリーに蘇らせています。また、斬新なパッケージの手芸用品やヴィンテージ・ファブリックを巧みに組み合わせて額装した作品も、とても素敵です。

「かつて手芸は女性のたしなみとされていて、女性たちは針や鋏といった手芸用品をとても大切にしていました。その習慣は戦後まで続いていて、メルスリーの引き出しには、裁縫の時間をより幸福なものにする美しい道具が溢れていたものです。また、オートクチュールの都・パリには、ドレスや装身具のパーツを集めた専門業者がありました。ヨーロッパのアンティーク・マーケットには、そんな夢のある手芸パーツが今なお眠っているのです。 モードを支えた職人の手仕事を通して、女性の歴史と生活文化を若い人たちに伝えることが、手芸家としての私の使命だと思います」

そう語る松浦さんのパーツ探しの旅は、今後もまだまだ続きそうです。

気がつくと手元に沢山集まっていた布や手芸小物。「コラージュしただけ」、というが、この世にたったひとつしか存在しないアート作品に昇格した

丹精込めて作られた象牙のバックルやクリスマスオーナメントで作った一点ものののネックレス。針と糸しか使わないのが、松浦さんのアクセサリー作りの鉄則

単なる消耗品と侮るなかれ。斬新なデザインのメジャーや糸は、松浦さんの審美眼と魔法の手で斬新なオブジェに変身する

携帯用定規をネックレスにしてしまうセンスに脱帽。東京と京都で精力的にレッスンを行う松浦香苗さん。『今、キルトを作る幸せ』『アメリカンヴィンテージ・ファブリックコレクション』（文化出版局）ほか、著書は42冊にものぼる

おわりに

1997年に集英社ムックとして刊行された『ヨーロッパのアンティーク市旅ガイド』は、1年にわたって雑誌「SPUR」に連載された「ヨーロッパのアンティーク市に遊ぶ」をまとめたものでした。当時はちょうど、テレビの「なんでも鑑定団」が話題となり、ファッションに敏感な若い女性の間ではノスタルジックなアンティークやお洒落なヴィンテージ・ドレスを探しにアンティーク・マーケットに行きたいという欲求が高まりつつありました。

そうした需要はあるものの、インターネットで気軽にアンティークの相場を見ることはまだ難しく、アンティーク・マーケットは、「行ってみたいけれど、偽物を掴まされたり、不当な値段を吹っかけられそうで怖い」場所だったのです。そんなイメージを払拭するかのように、美しい商品が値段入りで掲載されたこのムックは、アマチュアだけでなくプロにとっても実用的な「アンティーク市の指南書」として好評でした。

それから早16年。ヨーロッパはユーロに統合され、旅慣れたヨーロッパ通の間では、アンティーク・マーケットを覗くことがごく一般的になりつつあります。それに伴い、私自身も主宰するカルチャー・サロン「プティ・セナクル」の生徒さんをはじめとするアンティーク通に向けて、日本ではまだあまり知られていない穴場アンティーク・マーケットを紹介したい、という思いが芽生えてきたのです。とはいえ、出版は未定。そんな厳しい状況下で、景山正夫さんをはじめとする心優しい友人カメラマンたちの協力を得て、各地のアンティーク・マーケットやストリートをひとつひとつ時間をかけて巡り、まとめたのがこの一冊です。

一時はお蔵入りになりになりそうだった取材資料がこうして日の目を見ることができたのは、ひとえにこのガイドの編集を担当して下さった土居悦子さんのおかげです。前著『パリ 魅惑のアンティーク』同様、手際よいディレクションと心惹かれるキャッチコピーで内容をより充実したものにしていただいたことに心から感謝します。また、大量のデータのなかから写真を選りすぐって、臨場感溢れるレイアウトにまとめて下さったデザイナーの津嶋佐代子さんにも心から御礼申し上げます。

この春、6年間貸していたパリのアパルトマンを改築し、久しぶりにヨーロッパの拠点として利用することにしました。カーヴにあった品物を元ある場所に移動し、改めて我が家を見回してみると、そこでは懐かしい旅の想い出を蘇らせる各地で手に入れたアンティークが鮮明な魅力を放っていました。「手に入れたアンティークは、私なりのアレンジで日々使い、慈しみ、次の世代に伝えていく」のが私のモットー。2回目のパリ暮らしを始めるにあたって、アンティーク・マーケットデビューより25歳成長した私に似合うお宝を探しに、再びマーケットに繰り出したいと思います。

新緑の東京にて　　石澤季里

INDEX

クリニャンクール

Marché Vernaison　マルシェ・ヴェルネゾン
www.vernaison.com

Tombées du Camion　トンベ・デュ・カミヨン
Marché Vernaison, allée 5 stand 92 & allée 3 stand 107
136 Avenue Michelet, 93400 Saint-Ouen
☎ (33) 09-81-21-62-80
営 10:00-18:00　休火水木金
tombeesducamion.com

M. d'Autreppe　M. ドートレップ
Marché Vernaison, allée 9 stand 234
136 Avenue Michelet, 93400 Saint-Ouen
☎ (33) 01-40-11-70-92
営 9:00-18:00　休火水木金

Les Troubailles du Théa & Jean Marc
レ・トゥルバイユ・ド・テア&ジャン・マルク
Marché Vernaison, allée 9 stand 233
136 Avenue Michelet, 93400 Saint-Ouen
☎ (33) 01-40-11-87-60
営 9:00-18:00　休火水木

Andre Pierre Héteau　アンドレ・ピエール・エトー
Marché Vernaison, allée 7 atand 139
136 Avenue Michelet, 93400 Saint-Ouen
☎ (33) 06-10-50-65-66
営土日 9:00-18:00、月 10:00-17:00　休火水木金

Cathy & Fabrice　キャティー&ファブリス
Marché Vernaison, allée7 stand 142
99 Rue des Rosiers, 93400 Saint-Ouen
☎ (33) 06-78-31-91-27
営 土 9:30-18:00、 日 10:00-18:00、 月 10:00-17:00
休火水木金

Anna Antiquités　アナ・アンティキテ
Marché Vernaison, allée 7 stand 140bis
111 Rue des Rosiers, 93400 Saint-Ouen
☎ (33) 06-12-73-89-97
営 10:00-18:00（月と1～4月は -17:00）
休火水木金

Marché Paul Bert　マルシェ・ポール・ベール
www.paulbert-serpette.com

Laurence Vauclaire　ロランス・ヴォークレール
Marché Paul Bert, allée 6 stand 79
96 Rue des Rosiers, 93400 Saint-Ouen
☎ (33) 06-09-48-27-86
www.laurence-vauclair.com
営金 7:00-13:00、土 9:00-18:00、日 10:00-18:00、月・祝 10:00-17:00
休火水木

L'Art d'Aimer　レール・デメ（手芸用品）
Marché Paul Bert, allée 3 stand 161
18 Rue Paul Bert, 93400 Saint-Ouen
営 10:00-17:00（月金は要予約）　休火水木

Ma Cocotte　マ・ココット（カフェ&レストラン）
106 Rue des Rosiers, 93400 Saint-Ouen
☎ (33) 01-49-51-70-00
macocotte-lespuces.com
営レストラン 12:00-15:00、19:30-23:00／カフェ 9:00-23:00　休無

Au Petit Navire
オウ・プティ・ナヴィール（レストラン&バー）
116 Rue des Rosiers, 93400 Saint-Ouen
☎ (33) 09-83-06-31-71
www.petitnavire.fr
営バー 8:00-18:00／レストラン 11:00-17:00
休火水木金

Marché Jules Vallès マルシェ・ジュール・ヴァレ
julesvalles.antiquites-en-france.com

L'Art d'Aimer レール・デメ（アンティーク小物）
8 Rue Jules Vallès, 93400 Saint-Ouen
(営)土日 10:00-17:00、木金月 7:00-12:00　㊡火水

L'Art d'Aimer レール・デメ（パーツ小物）
Marché Jules Vallès, stand 96
(営)土日 10:00-17:00、木金月 7:00-12:00　㊡火水
☎ (33) 06-16-45-17-42 / 06-20-48-72-82

Marché Malassis マルシェ・マラシス
malassis.antiquites-en-france.com

Martine Lahaye マルティン・ラアイ
Marché Malassis, stand 11
142 Rue des Rosiers, 93400 Saint-Ouen
☎ (33) 01-40-10-99-62
lahaye-antiquites@orange.fr
www.antiquites-lahaye.com
(営)金 9:30-12:00、土日 9:30-18:00（月は要予約）
㊡火水木

Les Perlés d'Antan レ・ペルレ・ダンタン
Marché Malassis, stand 30
142 Rue des Rosiers, 93400 Saint-Ouen
☎ (33) 06-08-00-48-38 / 01-40-10-95-49
www.lesperlesdantan.com
(営)土日 10:00-18:00、月 10:00-15:00
㊡火水木金

シャトゥー

Foire Nationale à la Brocante et aux Jambons
ブロカントとハムの国立定期市
(開)3月・9月　※2013年9月は9/27～10/6開催（毎日 10:00-19:00）
☎ (33) 01-47-70-88-78
（開催当日は 01-34-80-66-00）
chatou.sncao-syndicat.com

Château de Malmaison マルメゾン城
Avenue du Château de Malmaison, 92500 Reuil Malmaison
☎ (33) 01-41-29-05-55
www.chateau-malmaison.fr
(開)4/1～9/30は10:00-12:30、13:30-17:45（土日 -18:15）、10/1～3/31は10:00-12:30、13:30-17:15（土日 -17:45）
㊡火、12/25、1/1

レ・サンドリィ

＊マーケットに関する問い合わせ

UCIAL

☎ (33) 02-32-54-48-67　www.ucial.fr

㋐9月2週目の週末　※2013年は9/14～15開催

Office Municipal de Tourisme des Andelys

レ・サンドリィ観光局

Rue Raymond Phélip, 27700 Les Andelys

☎ (33) 02-32-54-41-93

office-tourisme.ville-andelys.fr

La Chaîne d'Or

ラ・シェーン・ドール（オーベルジュ）

25 Rue Grande, 27700 Les Andely

☎ (33) 02-32-54-00-31

www.hotel-lachainedor.com

㊕ジュニア・スイートルーム 139€～

Château - Musée de Dieppe

ディエップ城美術館

Rue de Chastes, 76200 Dieppe

☎ (33) 02-35-06-61-99

www.musees-haute-normandie.fr

㋐10:00-12:00、14:00-18:00（月は午後のみ）

㊡火、1/1、5/1、11/1、12/25

リル

＊マーケットに関する問い合わせ

Allô braderie

☎ (33) 08-10-09-59-00（英語）

www.lavoixdunord.fr

㋐9月第1土曜15時～翌日曜深夜　※2013年は8/31～9/1開催

Office de Tourisme et des Congrès de Lille

リル観光コンベンション局

Palais Rihour, 42 Place Rihour, 59000 Lille

☎ (33) 03-59- 57-94-00

www.lilletourism.com

アイヤン・シュル・トロン

Office de Tourisme d'Aillant-sur-Tholon

アイヤン・シュル・トロン観光局

1 Cours de la Halle aux Grains, 89110 Aillant-sur-Tholon

☎ (33) 03-86-63-54-17

www.ot-aillant.com

㋐8月第1日曜　※2013年は8/4開催

Château du Deffand

シャトー・デュ・デファン（B&B）

4 Rue des Marronniers, 89520 Saints

☎ (33) 03-86-44-23-30

www.chateaududeffand.fr

㊕95€～（クレジットカード不可）

リル・シュル・ラ・ソルグ

＊夏の大マーケットに関する問い合わせ
www.foire-islesurlasorgue.com
開復活祭（春分の日の後の最初の満月の次の日曜日）と被昇天の祝日（8/15）のそれぞれ前後4日　※2013年夏は8/15～18開催

＊キャトル・オタージュ通りの蚤の市に関する問い合わせ
La Gueulardière
☎ (33) 06-09-01-44-21
www.abis84.fr
開日（常設店は土日、店によっては金月もオープン）

Office de Tourisme de L'Isle-sur-la-Sorgue
リル・シュル・ラ・ソルグ観光局
Place de la Liberté, 84800 L'Isle-sur-la-Sorgue
☎ (33) 04-90-38-04-78
www.oti-delasorgue.fr

Hôtel Crillon le Brave
オテル・クリヨン・ル・ブラーヴ
Place de L'Église, 84410 Crillon le Brave
☎ (33) 04-90-65-61-61
www.crillonlebrave.com
料ツイン280€～

バルジャック

＊マーケットに関する問い合わせ
☎ (33) 04-66-24-50-65
www.barjac-foire-antiquites-brocante.org
開復活祭（春分の日の後の最初の満月の次の日曜日）と被昇天の祝日の直前の木曜から月曜まで　※2013年夏は8/13～18開催（初日は業者向け）

Office de Tourisme de Barjac
バルジャック観光局
Place Charles Guynet BP 15, 30430 Barjac
☎ (33) 04-66-24-53-44
ot.barjac@wanadoo.fr
www.tourisme-barjac-st-privat.com

ブリュッセル

ベルギー観光局ワロン・ブリュッセル（日本語）
www.belgium-travel.jp

Marché des Antiquaires　アンティーク市
Place du Grand Sablon, 1000 Bruxelles
開土 9:00-18:00、日 9:00-14:00

Marché du Jeu de Balle
ジュー・ド・バルの蚤の市
Place du Jeu de Balle, 1000 Bruxelles
開 7:00-14:00　休無

M. Heiremans　M. エイルマン
Rue Josephe Stevens 25, 1000 Bruxelles
☎ (32) 02-512-80-58
www.marc-heiremans.com
営 11:00-18:00（日 -16:00）　休月

アムステルダム

オランダ政府観光局（日本語）
www.holland.com

Antiekcentrum Amsterdam
アンティーク・セントル・アムステルダム
Elandsgracht 109, 1016 TT Amsterdam
☎ (31) 020-624-90-38
www.antiekcentrumamsterdam.nl
営 11:00-18:00（土日 -17:00） ㊡火

Antiek Textiel Markt
アンティーク・テキスタイル・マーケット
De Twee Marken, Trompplein 5, 3851 CR Maarn
開 3 月第 1 土曜 13:00-16:00 料 5€

Nederlandse Kostuumvereniging
オランダ・コスチューム・ソサエティー
☎ (31) 0513-681-681
secnvkkms@gmail.com
kostuumvereniging.nl

Tassenmuseum Hendrikje
ヘンドリキェ・バッグ美術館
Herengracht 573, 1017 CD Amsterdam
☎ (31) 020-524-6452
www.tassenmuseum.nl
開 10:00-17:00（12/24-31 は -16:00 ）
㊡ 1/1、4/30、12/25
料大人 9€

アレッツォ

Arezzo Turismo アレッツォ観光情報
www.arezzoturismo.it

Tempi Moderni テンピ・モルデニ
28 Piazza Grande, 52100 Arezzo
☎ (39) 0575-300598
www.tempimoderniarezzo.it
開 9:00-20:00 ㊡木日（第 1 日曜は終日営業）

Museo Salvatore Ferragamo
サルヴァトーレ・フェラガモ博物館
5 Piazza Santa Trinita, 50123 Firenze
☎ (39) 055-356-2417
www.museoferragamo.com
開 10:00-18:00 ㊡火（8 月は日） 料 5€

Gucci Museo グッチ博物館
10 Piazza della Signoria, 50100 Firenze
☎ (39) 055-7592-3300
guccimuseo.com
開 10:00-20:00 ㊡ 1/1、8/15、12/25 料 6€

パリ・北マレ界隈

フランス政府観光局（日本語）
jp.franceguide.com

Vérib'　ヴェリブ（パリ市運営のレンタサイクル）
www.velib.paris.fr

Studio W　ストゥディオ W
21 Rue du Pont aux Choux, 75003 Paris
☎ (33) 01-44-78-05-02　/ (33) 06-10-66-14-60
営 13:00-19:30（土 14:30-19:30）
休日月（パリ・コレクション期間は月曜営業）

Sprit of Vintage　スピリット・オブ・ヴィンテージ
18 Rue Oberkampf, 75011 Paris
☎ (33) 06-09-91-32-30
www.spirit-of -vintage.com
営 13:00-19:00　休日

Chrysolite　クリゾリット
25 Rue Saint-Paul, 75004 Paris
☎ (33) 01-42-77-76-57
営 11:30-13:00、14:30-18:30　休月

Au Fils d'Elise　オ・フィル・デリーズ
2 Rue de l'Avé Maria, 75004 Paris
☎ (33) 01-48-04-75-61 / 06-12-14-39-11
www.aufildelise.com
営 13:00-19:00　休日

THANX GOD I'M A V.I.P
サンクス・ゴッド・アイム・ア・VIP
12 Rue de Lancy, 75010 Paris
☎ (33) 01-42-03-02-09www.thanxgod.com
営 14:00～20:00（日 -19:00）　休無

Hôtel Drout　ドゥロウ競売場
9 Rue Drouot, 75009 Paris
☎ (33) 01-48-00-20-20
www.drouot.com
開 11:00-18:00（競売は 14:00-）　休日祝

ヴェルサイユ

Rémi Dubois　レミ・デュボア
Village des Antiquaires, 13 Rue de la Pourvoierie, 78000 Versailles
☎ (33) 06-11-52-43-31
営 10:00-13:00、14:00-19:00（金は午後のみ）
休月火水木

Les Antiquaires de la Geôle
ゲオルのアンティーク
Passage de la Geôle, 10 Rue Rameau, 78000 Versailles
www.antiques-versailles.com
営 10:00-19:00　休月火水木、8 月

アントワープ

ベルギー・フランダース政府観光局（日本語）
www.visitflanders.jp

クローステル通りのインフォメーション
kloosterstraat.com

Hot & Cold　ホット＆コールド
Kloosterstraat 66, 2000 Antwerpen
☎ (32) 04-74-92-03-77
㊮ 13:00-18:00　㊡月

Bij Staf　バイ・スタフ
Oever 3, 2000 Antwerpen
☎ (32) 03-231-48-13
㊮ 12:30-17:00　㊡月

Ra　ラ
Kleine Markt 7-9, 2000 Antwerpen
☎ (32) 03-292-3780
www.ra13.be
㊮ 11:00-18:00　㊡日月

Teijink　タインク
Kloosterstraat 33, 2000 Antwerpen
☎ (32) 04-95-20-52-40
www.teijink.be
㊮ 14:00-18:00　㊡無

Marcy Michael　マルシ・ミカエル
Sint-Jozefstraat 78, 2018 Antwerpen
☎ (32) 04-76-22-80-22
www.marcymichael.com
㊮ 14:00-18:00　㊡月

Christiane de Bot　クリステアンヌ・デ・ボット
Kloosterstraat 29, 2000 Antwerpen
☎ (32) 03-455-09-21
㊮ 14:00-18:00　㊡月火水

Adelin　アデリン
Steenhouwersvest 4-8, 2000 Antwerpen
☎ (32) 03-234-95-52
www.adeline.be
㊮ 12:00-18:00（月は要予約）

Tante Brocante　タンテ・ブロカンテ
Kloosterstraat 53, 2000 Antwerpen
☎ (32) 03-226-2210
www.tantebrocante.be
㊮ 13:00-18:00　㊡月

De Poort　デ・ポールト
Oever 21, 2000 Antwerpen
☎ (32) 0477-95-85-63
㊮ 12:00-18:00　㊡月

International 14　インターナショナル 14
Minderbroedersrui 13, 2000 Antwerpen
☎ (32) 04-72-97-03-40
www.international14.com
info@international14.com
アポイント制

46　46
Kloosterstraat 46, 2000 Antwerpen
☎ (32) 04-77-97-75-32
www.46kloosterstraat.com
㊮ 13:00-18:00　㊡月

Bleu Fonz　ブラウ・フォンス
Kloosterstraat 12, 2000 Antwerpen
☎ (32) 03-289-70-70
www.bluefonz.be
㊮ 11:00-18:00（日 -14:00）　㊡月

Viar　フィアル
Kloosterstraat 65, 2000 Antwerpen
㊮ 13:00-18:00　㊡月火水

Christel Dauwe Collection
クリステル・ダウウェ・コレクション
Kloosterstraat 78/1, 2000 Antwerpen
☎ (32) 03-238-33-62
www.antiques-ornaments.com
㊮ 10:00-18:00（金 13:00-、日 14:00-）　㊡月火

Axel Vervoordt Kanaal
アクセル・フォヴォルト・カナール
Stokerijstraat 15, 2110 Wijnegem
☎ (32) 03-355-38-00
info@vervoordt-re.be
www.axel-vervoordt.com
㊎木金 14:00-18:00（もしくは予約）、オープンハウスは 11 月最終週と 12 月第 1 週の週末　※ 2013 年のオープンハウスは 11/30 ～ 12/1、12/7 ～ 8

コペンハーゲン

スカンジナビア政府観光局（日本語あり）
www.visitscandinavia.org

Dansk Møbelkunst ダンスク・モーベルクンスト
Aldersrogade 6C, 1th Floor, 2100 København Ø
☎ (45) 33-32-38-37
www.dmk.dk
要予約

Danish Silver ダニッシュ・シルバー
Bredgade 22, 1260 København K
☎ (45) 33-11-52-52
www.danishsilver.com
㊔ 10:00-17:30（土は予約制） ㊡日

Jørgen L.Dalgaard ヨルゲン・L・ダルゴー
Bredgade 28, 1260 København K
☎ (45) 33-14-09-07
www.jdalgaard.dk
㊔ 13:00-18:00（土 11:00-15:00） ㊡日

Montan モンタン
Bredgade 10, 1260 København K
☎ (45) 3537-0068
www.montan.dk
㊔ 10:00-17:30（土 11:00-15:00） ㊡日

Antik & Kunst アンティーク＆クンスト
Ravnsborggade 14A, 2200 København N
☎ (45) 20-43-03-89
㊔ 11:00-17:30（土 14:00） ㊡日

Antik Hallen アンティーク・ハレン
Vesterbrogade 179, 1800 Frederiksberg C
☎ (45) 40-20-15-30
㊔ 13:00-17:00（土 11:00-15:00） ㊡日月火

Ingerslev Antik インゲルスレーヴ・アンティーク
Ravnsborggade 22, 2200 København N
☎ (45) 35-37-88-99
www.ingerslevantik.dk
㊔ 11:30-17:30（土 -15:00） ㊡日

Sankt Hans Gades Antik
サンクト・ハンス・ガーデス・アンティーク
Sankt Hans Gade 14, 2200 København N
☎ (45) 35-39-11-00 / (45) 40-28-67-65
㊔ 11:00-17:30 ㊡土日

Wingaard ウィンゴー
Gothersgade 39, 1123 København K
☎ (45) 3332-5104
㊔ 11:00-17:30（土月 11:00-15:00） ㊡日

フュン島

Hytteballe Antiquitete
ヒュットベル・アンティークテーター
Nørregade 33, 5000 Odense C
☎ (45) 6612-7707
www.hytteballe.dk
㊞ 10:00-17:30（土 11:00-13:00）　㊡日

Damgaard-Lauritsen Antik
ダムゴー・ラウリトセン・アンティーク
Klaregade 19, 5000 Odense C
☎ (45) 6614-1114
www.damgaardlauritsen.dk
㊞ 10:00-17:00（金 -18:00、土 10:00-14:00）
㊡日

Den Gamle Købmandsgaard
デン・ガムレ・コマンスゴー
Fåborgvej 111, 5762 Vester Skerninge
☎ (45) 6224-1634
㊞ 11:00-17:00（要予約）　㊡火

Middelfart Antikvitetshandel
ミドルファート・アンティークヴィーテトハンゲル
Torvet Grønnegade 2, 5500 Middelfart
☎ (45) 6441-2614
www.middelfart-antik.dk
㊞ 11:00-17:30（土 10:00-12:30）　㊡日

Den Gamle Skole　デン・ガムレ・スコーレ
Skovballevej 10, Landet, 5700 Svendborg
☎ (45) 6254-1111
㊞ 10:00-18:00　㊡無（来店時は要確認）

Broholm Slot　ブロホルム城
Broholmsvej 32, 5884 Gudme
☎ (45) 6225-1055
www.broholm.dk
㊕ツイン 1,795Dkr 〜、朝食 140Dkr（昼食は予約制）
㊞アフタヌーンティー 15:00-、ディナー 18:00-

素敵なあの人の、アンティークの愉しみ方

市村美佳子さんのスタジオ兼教室
「Velvet Yellow（ベルベットイエロー）**」**
〒 107-0062　東京都港区南青山 6-1-6
☎ 03-3406-9883
velvetyellow.jp

滝本玲子さんのカフェ「R」
〒 106-0031　東京都港区西麻布 2-16-5
www.merge.co.jp/R
㊞ 12:00-20:00　㊡日月

松浦香苗さん
www.matsuurakanae.com

石澤季里　いしざわ・きり

成城大学文芸学部ヨーロッパ文化学科在学中より雑誌ライターとして活動を開始。フランス料理を専門分野に決め、1989 年渡仏。様々な女性誌で特集ページを持つ一方、アンティーク鑑定士養成学校 IESA に通い、アンティーク全般について学ぶ。93 年同校卒業。帰国後、カルチャーサロン「プティ・セナクル（旧アンティーク・エデュケーション）」開校。専門はアンティーク・ジュエリーを中心としたフランスのアンティーク。著書に『パリ 魅惑のアンティーク』（阪急コミュニケーションズ）、『フランスの骨董市を行く！』（角川書店）ほか。

www.antiqueeducation.com

madame FIGARO Books

パリ＆パリから行く
アンティーク・マーケット散歩

2013年7月13日　初版発行

著　者　石澤季里
写　真　景山正夫、赤平純一、金森玲奈、笹島美穂子
装　丁　津嶋佐代子・赤岩桃子（津嶋デザイン事務所）

発行者　五百井健至
発行所　株式会社阪急コミュニケーションズ
〒153-8541　東京都目黒区目黒1丁目24番12号
電話　03-5436-5721（販売）
03-5436-5735（編集）
振替　00110-4-131334
印刷・製本　凸版印刷株式会社

ISBN978-4-484-13217-4